戦争解禁

藤原帰一

戦争解禁　藤原帰一

ロッキング・オン

装丁＝中島英樹

まえがき

2001年9月11日、ニューヨークの世界貿易センター・ビルに飛行機が追突し、1時間も経たないうちに崩れ落ちた。粉塵、煤煙、逃げまどう「先進国」の人々、CFを飛ばして延々と続く臨時ニュース、アメリカ上空を飛んでいるはずの行方不明機の便名を読み上げる声、秒単位で増えていく推定死者数。そのすべてが世界中で、同時実況中継された。こんな光景は、こんな現象は、誰も見たことがなかった。

本書は9・11直後から現在にいたるまでの6年間に、藤原帰一が行った時事解説インタヴューを時系列に沿って、一冊にまとめたものである。したがって、発言や分析、そして予測はその後、何が起こるかを知らないままに導き出されている。

もちろん私たちは9・11事件以来、世界がどう動いたのかをよく知っている。どんな悲劇が生まれ、どんな不幸が生まれたのかをよく知っている。また、「これが真実だ」「今後はこうなる」というシナリオが無数に描かれ、そのなかには楽観論があり、悲観論があり、また陰謀論という新しいエンターテイメントが百花繚乱になったことも知っている。

だが、今、振り返ると、本書で読み解かれた見取り図こそが正解だったとわかる。というよりも、ここでの予測に現実がするすると追いついていった、というのが定期的に藤原さんにインタヴューをした私たちの実感だ。その正確さ、その凄みは、たとえばイラク戦争の2年前の分析にあたる冒頭2章を読むだけでも伝わるはずだ。

ということは――この論理は未来をも読み解けるはずだ。この本の内容はアフガニスタンやイラク、アメリカなどの専門的な諸事情や背景を解説したものにはまったくとどまっていない。9・11事件やアフガニスタン戦争、イラク戦争を論じているようで、実際には、たとえば戦争とは、テロリズムとはどういう性質を持つのか、そうした本質的な問題群への示唆に満ちている。また、現代という時代に本当は何が起こっているのか、この6年間は世界にとってどんな意味があり、次の世界はどうなるのか、そうした大きな世界地図までが描かれている。

藤原さんはかつて「現実の分析とは目の前の現象をていねいに見て、どんな手が打てるのかを考えることです」と言われたことがある。思い込みや希望的観測をできる限り排除し、冷静に、現実を見る。実は多くの分析家や政策決定担当者が失敗してしまった作業を藤原さんは行っている。だからこそ、この論理は時の経過に耐える。だからこそ、この論理は強い。だからこそ、この論理は信用できる。

次頁から始まるのはその証拠である。

なお各章の冒頭にはインタヴューをした日付を記し、肩書きや数値は当時のままに残した。重複部分は削り、加筆・訂正を行った。もっとも予測のなかで「外れたところは削り、当たったところだけ残す」という作業は行っていない。

ＳＩＧＨＴ編集部

01 戦争を解禁したアメリカ——9・11事件

2001年10月4日

これは2001年10月4日、アフガニスタン空爆の3日前に行われたインタヴューである。ツイン・タワーの倒壊から1ヵ月経っても、世界は衝撃とパニックの渦中にあった。WTCビルの死者数は日々、修正され、アメリカでは愛国法がスピード通過し、また炭疽菌を使った郵便テロ事件が、市民の間に、見えない敵への恐怖心を煽っていた。ブッシュ政権は同時多発テロの首謀者をイスラム過激派組織アルカイダと断定、その「共犯国家」アフガニスタンへの軍事介入を宣言した。アメリカはもちろん、ヨーロッパ、日本でも「報復は当然」、控えめに言っても「報復は仕方がないのでは……」という声が大勢を占めていた。

そこから何が始まったか、それを引き金に世界はどこへ向かったか、私たちはすでに知っている。以下で展開される分析は、もちろん「アフ

ガニスタン後」の動向などはまったく見えない状態で導き出されたものだ。しかし、その後の世界を考えると、この冷静な状況認識こそがもっとも正確だったのだとわかる。9・11からアフガニスタン、イラク、そして現在までの世界を正確に読み解いた論理、そして未来までをも読み解ける論理、その起源がここにある。

——まず最初に、今回の9・11事件をひとことでどういうものととらえていらっしゃいますか。

「これまでで最大規模のテロ事件ですね。アメリカに対してアメリカ人の犠牲者を伴うようなテロが企画されたことはこれまでもありましたが、どれも規模が小さく、実際にこれほどの死者が出るような出来事は初めてだということです」

——ただ、新聞でも、いわゆる識者の人たちも、これはそれ以前のテロ事件とは明らかに違うものと位置づけてますし、ブッシュ大統領も「こ

■WTCビルの犠牲者
当初は、約7千人とも予測されたが、のちに約3千人と修正された。ただし現在でも正確な数字は不明。うち日本人は20数名。

れは戦争だ」と表現していますよね。

「それでもこれは戦争ではありません――犯罪ではありますが。

国際関係では、戦争を行うことは主権国家にとって本来、当然の権利ですから、正当化する必要はない。戦争は、政府が政策を遂行するための手段のひとつに過ぎないわけです。もちろん近代に入って戦争に対する制約はいろんな形で芽生えてきましたが、それは戦争は主権国家の権利だっていうことを前提としたうえでのことなんです。もしこのテロを〈戦争〉と呼ぶと、戦争に参加してる団体、攻撃を加えた側に対しても、そういう権利を認めるという意味になります。テロを行った団体に対して、交戦団体として、一定の権利を認めることにさえなってしまう。しかし、この事件は大量殺人であって戦争ではない。何よりも、主体が国家ではありませんから」

――この事件は従来型の〈戦争〉という言葉そのものの枠組みを壊したものだと言っている人もいますが、そこはどうですか？

■「これは戦争だ」
事件の翌日、01年9月12日のブッシュ大統領による声明の中の言葉。

■近代戦争への制約
19世紀、ことにクリミア戦争の後、捕虜虐待を禁じるジュネーヴ条約などでの国際的な合意が拡大した。これは戦争そのものは違法化してはいないが、戦時に認められる行動については制約を加えようとする。第一次大戦後は海軍力の縮小が、また核兵器時代を迎えてからは核不拡散条約や米ソ間の戦略兵器制限交渉など、核管理と核軍縮の試みも続けられた。現在では地雷禁止や小火器禁止への努力も行われている。

「いや、〈戦争ではなくて犯罪〉と僕が言ってるのは、今回の事件は刑事警察の対象になるはずだからなんですね。だとすると、その実行犯に対して国際法上の権利を認める余地はない。刑事犯罪だとすれば、その実行犯——今回の場合はもう死んでいますけれども——もしくは、その後ろ盾となっているような者などに対して刑事罰を加えていくことになるんです。

何でこんなことをずるずる言ってるかというと、今回の事件後、起こったことはテロなのに、それに対して戦争によって応える戦略がとられてるんです。事件が発生した直後から、ブッシュ大統領をはじめ、〈これは戦争だ〉という判断が繰り返して表明されました。〈対テロ戦争〉という言葉のように、テロに対抗するための方法についても〈戦争〉という言葉が使われている。でも、刑事犯罪に対して、戦争に対するような戦略をとることは基本的に間違っています。

今回のテロがどの点で新しいかということで言えば、被害者の数がこ

■**刑事罰**
国際刑法といわれる領域。アメリカの国内法を適用してよいかどうかは、犯罪の発生地点や犯罪者の国籍によって異なることになる。

れまでになく甚大だったということだけです。あのテロ行動そのものはまったく新しくありません」

9・11同時多発テロの新しさ

――ということは単に従来型のテロの大規模なものという。

「そうですね、ええ」

――ただ、我々の一種の生理的な反応として、これは明らかに従来型のテロとは違う、慄然とする感覚があるんですよ。4カ所で同時にテロをやって殺戮する。世界の底が抜けちゃったというか、変な暗黒を見せつけられた気がするんですが、そこはどうお考えですか。

「それは実際にテロが成功してしまったからですよね」

――要するに、今回はテロを起こした側の論理や動機よりも、テロで被害を受けた国の側の対応が新しいということですか。

「そう、その通りです」

——あのやり方を見ると、成功するべくして成功したな、とも思えるんですよ。あれが成功してしまうということは、もっと大きな大量殺戮さえできてしまうんじゃないか、という恐怖さえ感じるんですが、そこはどうでしょうか。

「ああ、それはね、テロは、現実に起こってないときにはそんなこと起こるはずがないと誰しもが考え、起こると今度は起こるに決まっていた、そしてまた起こるに違いないと考えるものなんです。アメリカで飛行機に乗ったことのある人はご存知だと思いますが、特に国内線では安全チェックが非常に手薄になっていた。それに航空機を使ったテロの可能性はこれまでにも議論されていたにもかかわらず、人権を尊重する範囲内での処置すら、何もとられていなかった。さらに、現在のアメリカにとってテロが大きな問題になるはずだということは、CIA（アメリカ中央情報局）もFBI（連邦捜査局）も、何回も警告を出していたんです。

■CIAとFBIの警告

ブッシュ政権発足直後、CIAもFBIも政府に対し、オサマ・ビン・ラディンによるテロが「差し迫っている」と報告していた。ただし正確な日時などの情報はなかったようだ。CIA元テロ対策担当大統領補佐官・リチャード・クラークは04年、『爆弾証言』（徳間書店）を刊行。9・11の前月にブッシュ政権にアルカイダへの警戒を呼びかけたが、無視され、しかも9・11事件の翌日にはイラク戦の討議が始まっていた、と暴露した。

でも、政府は聞かなかった。そして、いったんその大規模なテロが起こってしまうと、今度は世界戦争に対抗するような伝統的な戦略で対応したわけです。ですから、できることをしなかった、適切な予防措置をとらなかったっていうことが問題の第一です。逆に、一度起こったからまったく同じことが何回も起こると決めてかかる必要もないんです」

テロの目的は恐怖を広げること

――この事件は国際政治学だと例外的な事件ではないとすると、今回のテロの特殊性は全然ないんでしょうか。

「誰がやってるかっていうところですよね。ほかのテロリストと呼ばれる集団と比べて、オサマ・ビン・ラディンの集団は明らかに特殊ではあります。たとえばパレスチナのハマスやアイルランドのIRA（アイルランド共和軍）といった武装グループは、ある地域の紛争での自分たち

■同じテロが起こるとは限らない
「いったんテロ事件が起こると、それを真似する犯罪者（コピーキャット）が出てくる可能性はあります。でも、テロの成功は警察の隙をぬって起こる。となると、テロ事件の後は警護が強まるので繰返しは難しい。テロリストが合理的に戦略を立てた場合、大規模テロの後は行動を控えた方が有利です」（藤原）

の立場を表現するために、具体的な目的を持ってやってますよね。誰が敵かもはっきりしてますし。

けれど、オサマ・ビン・ラディンの場合、パレスチナ紛争との繋がりも案外はっきりしない。これまでにもパレスチナの和平協議とか、その行き詰まりに、ビックリするほど反応していないんですね。謎の多い人ですからはっきりしたことはわからないんですが、これまでに指摘されてきたことから見れば、彼が反米思想に入っていったきっかけは自分の国、サウジアラビアに湾岸戦争の後、米軍が駐留し始めたこと、そこだけなんです。だからほかのグループより、狂信的な性格がはるかに大きくて、とらえどころがない。ほかのイスラム組織との繋がりも限られていた。ただ逆にお金があるもんですから、今回のようにほかの組織よりもはるかに大きな行動を展開できた。

ふたつ目には背後になっている国家がはっきりしないんです。ハマスだったらパレスチナ政治組織の一角ですし、ＩＲＡとシン・フェイン党

■ハマスとＩＲＡの目的
ハマスはイスラエルからの全パレスチナの解放、ＩＲＡはイギリスから北アイルランドを奪還し、アイルランド全島を統一することが目標。シン・フェイン党はその政治組織。

との関係も言うまでもないですね。ところがオサマ・ビン・ラディンのグループはアフガン政府が背後にいるというよりは、アフガニスタンという地域が国として崩壊しているのを利用して広がっていった、と言う方が正確です。だから、協力政府を抑えれば間接的に抑えられるようなテロリストとも性格が違う。

ただいちばんの驚きは、アメリカがテロでやられたということでしょう。アメリカでは銃の乱射事件は何度も起こってるし、世界貿易センターでもテロが起きたことはありました。でも本土が中東から離れてるし、テロの第一目標ではなかった。テルアビブやロンドンとは違って、日常的にテロを恐れる状態はなかったんですよ。

僕は9・11事件の日、たまたまイギリスにいたんですけど、イギリス人のなかにはほとんど優越感に浸ったような顔をしてる人もいました、『おれたちの北アイルランド紛争の苦労がやっとわかったか』っていうような」

■アルカイダはアフガニスタンの崩壊を利用　アルカイダは同様に破綻国家スーダンも拠点としていた。P29の脚注参照。

■イギリス人の北アイルランド紛争の苦労　最悪期の70年代前半には毎年数百人が犠牲に、80年代にはロンドン、マンチェスターなど都市部での爆弾テロも頻発。サッチャー元首相暗殺を狙い、宿泊ホテルが爆破されたこともある。60年代末からの30年間で死者は3千人以上。

——なるほど。ただ、どうなんでしょう？　今までのテロだったら、あそこで人質を解放したりしたじゃないですか。今回は人質を解放しないで殺してしまったわけですよね。その点で、ある意味、人間としての溝みたいなものを超えてしまった、そういう大きな断絶があるというふうに、哲学者や社会学者の人たちは言ってるんですが、そこはどうですか。

「政治学者は非常にシニカルな見方をしているということになるんでしょうね。つまり、その企てが成功したか成功しなかったかだけ見てるんです。テロリストが人間の尊厳を顧慮しないなんて、もう織りこみ済みなんですね。もちろん、かつては政府要人の暗殺を目的として、一般民衆には手を出さないテロリストもいました。でもそれはもうずっと昔のことです。

現代のテロの目的は恐怖を広げることです。巻き添えにする人間を最大限にすればするほど意味が大きいんです。テロの死者の方が戦争よりも少ないというのは幻想に過ぎない。ただそれだけ大規模なテロ計画で

■今までなら人質を解放していた
9・11事件の前まで、一般の日本人にとって、国際的なテロ事件と言えば、人質を解放したよど号事件（70年）だったのかもしれない。

すと、どこからか情報が漏れてしまうことが多くて、実行までにはたどり着けないのが大半なんです。今回はそこが違うんです。テロは犯罪であって戦争ではない、と僕が言ったのは、政治的にどう扱うかっていう問題であって、亡くなった人の数の問題じゃないんです。その意味では驚きは何もないです」

戦争が万能薬と考え始めたアメリカ

——じゃあ、政治学で言うと、従来の政治地図に何か決定的な断絶があったわけではない、ということですか。

「断絶はないんですが、断絶を今、作りつつあるんです。つまり、テロ事件自体ではなくて、テロに対する反応が国際政治の仕組みを全部、変えようとしている。それで私はこれは犯罪であって、戦争じゃないという区別を言っていたわけなんですよね」

——それはどういうことなんでしょう。

「今回の事件で、アメリカ国民が受けた衝撃は非常に大きい。ブッシュ大統領が『これは戦争であり、世界戦争だ』と言ったのは、できる限り言葉をインフレにしなければ、その衝撃に太刀打ちできないから。対応も衝撃にみあうだけの規模でなければ誰も納得できない。被害者が無駄死にだったなんて絶対に納得したくない。それでテロに対して戦争の戦略をとってしまったわけですね。

湾岸戦争（91年）もちょっと似ています。イラクはイランとの戦争にも勝てなかった国に過ぎない。それなのに米軍は不必要にも60万人に及ぶ兵力を送って、湾岸戦争を世界戦争のように戦っちゃった。

今回の事件は、実行犯が死んでしまった犯罪行為であり、それを遂行した組織は世界各地に拠点を持っている。ですからその拠点のひとつである国アフガニスタンを相手に戦争したって対策になるはずがない。しかも政府自体が機能してないところに向かって数多くの艦船を向けてるわけですよね。こんなアンバランスはないですよ。

いったんこんなことをやれば、世論の戦争への期待を上げてしまいます。テロが起きたら、戦争で立ち向かえばいいじゃんって考えてしまう。テロ対策に世界戦争をもってするという、とんでもない先例を作っちゃった。これから大変な影響を及ぼすことになると思います」

アフガニスタン戦争に向けての4つの予測

――でもアフガニスタンで戦争をやりそうですよね。

「空爆から始めるんでしょうね。でも終わりはちっとも見えなくなる。これから起こってくる問題を4つぐらい並べてみましょう。どれもひどい話です。

ひとつ目に空爆が何を招くか。壊す対象になる施設なんて、アフガニスタンにはろくにありません。水道や電気で暮らす人は限られているし、

■アフガンには終わりは見えなくなる
　結局アフガニスタンへの軍事介入は強行され、戦闘開始からひと月あまりでタリバン政権は打倒された。だが、ビン・ラディンが潜むとされたアフガニスタン東部のトラボラでその捕捉に失敗、02年のアナコンダ作戦も成果は得られなかった。タリバン崩壊後、カルザイ大統領を首班とする政権が発足したが、混乱は続き、その隙をぬってタリバンは急速に勢力を回復したと伝えられている。（藤原）

大事な兵器は山のなかとかに隠してしまうでしょうからね。そしてアメリカはピンポイントで的を外さないで爆撃したって言うでしょうけど、爆撃を受ける側からすれば空爆っていうのは一般市民が死んでも構わないっていうやり方です。そう受けとられても無理もないですよね。そうするとこの事件は、イスラム系の社会全体で、アメリカが一般市民を殺した事件として記憶されますし、これまでテロが起こってなかったところも含めて、新たな憎悪とテロの温床を作ることになるでしょう。

ふたつ目に、アメリカは民間死傷者を減らすために空爆は一部に限って、特殊部隊に頼ると言っています。でも、どうでしょうか。9・11直後に現地に特殊部隊を派遣して、ビン・ラディンの位置を確定しようとしたみたいですが、どうもこれが失敗したらしいんですね。特殊部隊と言えばカッコよく聞こえますけれど、地理に暗いよそ者ができる行動には限りがあります。まして、正規軍ではなく、山のなかに隠れたテロリストの幹部を捕まえるのは難しいでしょう。

3番目は地上軍の投入。実はこれが軍事戦略としてはもっとも正当な方法ですけど、攻める側、つまり米軍に多大な犠牲が生まれる可能性がある。ゲリラ戦というのは相手をすべて倒す必要はない。機動力を活かして、ひとり殺してはすぐ逃げるような策略をとればいい。攻めこんだ軍隊はひとりやられるたびに臨戦態勢をとりますが、そのとき敵はもう向こうに逃げちゃってるわけです。これを繰り返されると軍人の精神状態がおかしくなってしまう。軍の組織が壊れちゃうんですよ。

こうして空爆も、特殊部隊も、正規の地上軍でも面倒が避けられない。そこで最後に、今度は敵に敵を対抗させる、現地の別の勢力を動員するっていうやり方があります。実際、アメリカは北部同盟にテコ入れするということを始めてしまった」

テロ戦争は永久戦争になる

——なんかベトナム戦争と同じですね。

「おっしゃる通りなんです。つまりベトナムでアメリカはこれをやって、アフガンではソ連がこれをやり、今回そのアフガンでアメリカも同じことをやった。北部同盟にはかつてソ連が応援したグループからアメリカが応援したグループまでいろいろ入ってるわけです。彼らが内紛を続けたから新興勢力のタリバンが出てきたわけで、そのタリバンにもアメリカの兵器が回ってるわけですよね。

4番目、そしていちばんの問題は、軍事抑止が無意味だということです。冷戦の頃、世界戦争っていうのは抑止によって避けられると考えられてきたんです。核兵器でソ連を脅すから戦争が避けられる。つまり国というものは勝ち目のない戦争はしない理性がある、と想定されていました。『戦争したっておれたちには勝てないよ』って脅すことで平和を保つ。

けれど、テロに対してこういう抑止は効かないんです、自分の命を投げ出しても相手を殺そうとする人たちですから、脅しに効き目はない。ということはテロに対決する側は、ただ脅すだけじゃなくて、実際に戦わなくちゃいけなくなってしまう。戦争によってテロに対抗してしまうと、永久戦争を始めることになってしまうんですよ。

本来、テロに対しては地道な刑事警察の行動以外にあり得ないんです。でも事件の衝撃によってそれに世界戦争の戦略で対抗しようとした。それによって破滅的な状態が生まれてると思います」

――まさにそうですね。地道な刑事活動だと国民の目にはツイン・タワーの3千人は無駄死にだったのか、と見えてしまう。カタルシスがないわけですよね。本当は政府はそれをなだめるような世論形成をすべきなのに、そこを今のアメリカは失敗してますよねえ。

「ええ、失敗どころか逆効果になっていると思います。テロによる犠牲にカタルシスはあり得ない。これは映画じゃないんですから『インデペンデンス・デイ』みたいに最後に宇宙船を壊してめでたしめでたしでは

■**映画『インデペンデンス・デイ』**
96年、ウィル・スミス主演のSFパニック映画。地球侵略をたくらむ宇宙人と人類（＝アメリカ人）の攻防。

終わらないんです。

テロへの対策っていうのはテロリストを倒すこと以前にディフェンス（守備防衛）の方が重要なんです。テロができないように国内の空港チェック、資金の流れのコントロールとかをしなくちゃいけない。これは人権問題もあるし、あまり嬉しくないやり方ですけど、ほかに方法がない」

〈放ったらかし〉政策が生んだ破綻国家――アフガニスタン、北朝鮮

――なるほど。それにしても9・11はなぜ起こったのか。これが起こる背景というのはあったんですか。

「それは冷戦の残務整理に失敗したからですね。冷戦が終わったときに、すべきことをしなかったんです。

ヨーロッパでは冷戦の終結に青写真がありました。第二次世界大戦後

に実現するはずだった世界をもう一回作るっていうことです。ドイツ統一も、イギリスのサッチャー首相とソ連・ゴルバチョフ書記長がずっと反対したわけですが、賛成する過程ではこういうドイツ統一だったら認められるよっていう図面をしっかり引きました。ですから冷戦後のヨーロッパで、これから戦争の時代が始まる、と考えた人はほとんどいなかった。実現したのは平和であって戦争ではなかった。

ところがヨーロッパ世界の外では逆のことをしたんです。要するにさっさと手を引いちゃった。現在いちばん深刻な紛争地域は、冷戦期に米ソが手駒のように使い、冷戦が終わるとともに見殺しにしたところです。アフガニスタンだと、米ソの代理戦争が続いて、高度の武器が流れこんで、ムジャヒディンに軍事訓練が施された。でもソ連が撤退したらアメリカもほかの国も関心を失ってしまった。国連が平和維持活動を始めたんですけど、ソ連さえいなければ安定するかもっていうのは希望的な観測でした。結局、内戦が激しくなって国連は手を引いたんです。その

■こういうドイツ統一だったら認められるという図面
冷戦後、ヨーロッパ駐在の米軍が撤退してからのＮＡＴＯ（北大西洋条約機構）再編と、当時のＥＣ（欧州共同体）からＥＵへの改編は、統一ドイツに制度的な制約を与えるという意味もあった。もちろんＮＡＴＯが軍事的な枠、ＥＵが政治・経済的な枠である。（藤原）

隙をつくように、タリバンが実権を握って、そこにアルカイダの拠点もできた。大国が兵器を沢山残しましたから、武器の水準がものすごく高い。また、大国に使い捨てにされたことに対して反発がありますから、大変偏狭なナショナリズムが育ってます。その結果が今の体たらくなわけですね」

――国が崩壊してしまったわけですね。

「そうです。似てるのが朝鮮半島ですね。ソ連はドイツ統一には慎重でしたが、朝鮮半島への対応は違いました。ゴルバチョフは経済発展が進んでいた韓国との国交樹立を急いで、北朝鮮を見限ったんです。そのすぐ後に中国も韓国との国交を結んでいった。これで北朝鮮は中国とソ連という後ろ盾をなくしてしまった。北朝鮮の軍事政策はもともとかなり急進的だったのに、ソ連と中国という後ろ盾を失って、さらに暴走が始まります。北朝鮮単独の核開発を目指しだして、それが93～94年の北朝鮮危機を引き起こしてしまうわけです。この小さな国、北朝鮮を巡って、

■93～94年の北朝鮮危機
北朝鮮の核開発は80年代の後半に進められたと考えられている。表面化したのは湾岸戦争直後、北朝鮮がIAEA（国際原子力機関）の査察を拒んだ事件。クリントン政権は北朝鮮への圧力を強め、94年春には戦争直前の状況となった。カーター元大統領の仲介で危機は収束、KEDO（朝鮮半島エネルギー開発機構）の枠組み合意が生まれた。（藤原）

東アジアはその後、迷走を続けてしまいます。

つまり9・11事件は、結局、冷戦の終結という国際政治の大きな出来事のなかで、ヨーロッパだけに絆創膏を貼って、ほかのところは置き去りにしたことから始まってるんです。

どれも軍事的な強国じゃないから、置き去りにしてもどうってことないだろうと考えた。それが大変な間違いだったわけですね。こういう国は中東、アジア、カリブ海地域などには沢山あります。ハイチも混乱してますよね。日本が国連の常任理事国になりたいから、票集めのために接近を強めているアフリカにも、そんな破綻国家が沢山残ってます。

アフガニスタンの国家が崩壊するということは、アフガンの住人だけの問題じゃないんです。安定した政府が壊れて、無政府状態が生まれれば、そこに国際テロリズムの拠点だってできてしまう。辺境だからって権力の空白を放置すると、国際テロの危険が拡大してしまうんです。その結果を今、我々は見せられているわけです」

■ハイチ
デュバリエ親子2代による独裁のあと、アリスティドが大統領となったが、クーデタで政権を追われた(91年)。だが、アメリカを含む各国の介入によって政権に復帰。04年、軍事衝突が再開して、ふたたびアリスティドは政権を追われ、今なお混乱が続く。この軍事衝突ではアメリカの関与が疑われている。(藤原)

■無政府状態はテロリストの拠点になる
テロリストの国際ネットワーク化はかつてのPLOも行ったが、アルカイダの特徴は破綻国家を拠点とすること。アフガニスタン以外にはスーダンも拠点である。スーダンは南北の内戦で内政が崩壊、89年にイスラム急進派の政権が樹立されると、

無政府状態の修復の方法——ベトナム・カンボジア

——それなら冷戦後、どうすればよかったんですかね。

「冷戦で引いちゃったあとの非西欧世界がすべて荒廃したわけではないんですよ。ここで日本が出てくるんですが、ベトナムがいい例です。80年代、ベトナムはソ連の後ろ盾を失います。カンボジアでは中国との代理戦争が続いていた。クメール・ルージュはタリバンに比べてもはるかに粗暴な存在と言い切って構わないでしょう。ただ、ここでは我々は秩序の形成に成功したんですね。アメリカもソ連もこの地域には手を触れようとしなかった。そこへ日本とオーストラリアがＡＳＥＡＮ（東南アジア諸国連合）と協力して、カンボジアになんとか和平の仕組みを作りました。自衛隊は停戦監視団を送りましたし、日本の警察も行きましたよね(92年)。それでベトナムも東南アジア各国との関係を優先して、結

海外のイスラム急進勢力（アルカイダなど）が結集した。98年のタンザニアとケニアのアメリカ大使館の爆破事件はアルカイダが犯人とされ、クリントン政権はアフガニスタン、スーダンを巡航ミサイルで攻撃している。（藤原）

■**クメール・ルージュ**　ベトナム戦争のさなか、カンボジアで勢力を拡大した急進的共産主義勢力。75年には全権を掌握し、低い推計でも170万人を超える人々を虐殺した。78年、ベトナムの侵略で実権を失ったが、その後20年以上にわたって反政府活動を続けた。（藤原）

局ASEANに加盟します。こういう枠組みをつくることはできるんですよ。

こういう地道な作業をまったくしてこなかったのがブッシュ政権で、それを全部放棄したうえで今の世界秩序を作ろうとするのは逆効果になるんですよね」

——たとえばロシアもチェチェンに軍隊出して荒っぽいことをやってるじゃないですか。今までアメリカはそれに文句言ってましたけど、今のロシアは「おまえもやってんだから、おれたちにも文句言えないよな」みたいな意図が感じられますよね。世界がどんどん悪い方向へ向かっていませんか。

「対テロ戦争解禁、ですね。アメリカがアルカイダに対抗するような方法を、ほかの国もとっていい、とった方がいいっていうことになるんでしょう。

今回、ロシアはいちばんトクしたんですよ。ロシアの外交的な影響力は90年代、ずうっと下がってました。でも今回の事件によって、ロシアの協力なしではアメリカは何もできないっていう状態を作ったわけです。これは実は中国にも言えて、チベットなどでの人権抑圧でアメリカ国内から非難を浴びてきた中国が、今ではテロ対策の名の下に強硬策をとりやすい立場に立った。9・11の後、こうやって世界の力の配置っていうんでしょうか、バランスが変わっていくんでしょうね」

警察行動でビン・ラディンは抑えられた、その理由

――これはテロであって戦争ではないから警察行動で対応すべきだ、と言われましたが、ビン・ラディンくらい資金があっても、警察行動で間に合うんですかね。

「警察行動だから甘いってわけじゃないんです。テロ対策は未然に防止することが第一ですから、通常の刑事警察とは違って、被疑者に対する

■9・11でトクをしたロシアと中国
アメリカはアフガニスタン介入の了解をとりつけるため、それまで緊張関係にあったロシア、中国に協力を仰いだ。

人権侵害を避けることが難しい。また、相手にする組織が国際的なネットワークを持っている以上、世界規模での捜査協力が欠かせない。ということは、世界規模でイスラム教徒を迫害しているっていう反発がそれだけ生まれやすいってことです。

ただね、戦争などに訴えず、相手をタリバンとビン・ラディンだけに限定できるなら、おそらくイスラム社会への影響を恐れることなく刑事行動を起こしてもまったく問題がないと思います。タリバンはアフガニスタンの政治集団のなかでも新参者で、パキスタンの国軍は後ろ盾になってますけど、ほかのイスラム急進派との繋がりも限られていて、イランともシリアとも関係は良くない。オサマ・ビン・ラディンも一匹狼のような存在です。たった今、彼らを捕まえて処刑したとしても、それで世界中のイスラム教徒が反乱を起こすと考える必要はないと思います」

――その方が空爆よりはるかにローリスクな政策ですよね。

「はるかにローリスクです。それに、警察行動で対処するっていうことは、法手続きに沿った正当性をそれだけ主張しやすい。だから警察で解決できるいいチャンスなんですね」

――ただ、まあ、できなかったわけですよね。

「というより、ブッシュ政権はそれをやろうとしなかったんです。戦争に訴えたから勇気と決断力があるって見えるかも知れないけど、現実は正反対で、むしろ安易な選択に走ってしまったと思います。現実的には、すぐには捕まえられないことを覚悟しながら、彼らが海外で行動できないように処置を取っていくべきだったんです。オサマ・ビン・ラディンの海外資産が流れないような金融監視だって今回の事件の前からずっと行われてたんですね、それを強化していくっていうことでしょう」

中東の〈反米意識〉はすべて正当化できるか

――今回の実行犯はサウジアラビア出身者が多いという話ですが、なぜサウジアラビアという非常に豊かな国から突出したテロリストが生まれたんですかね。パレスチナに暗黒があるのはわかるんですが。

「そうですね。私もサウジアラビアにそんなに知識があるわけじゃないんですが、ただ、この前、アラブ首長国連邦（UAE）で仕事をして、イギリスやアメリカへの留学経験者と接したんですね。そしたら英語が上手なのに、アメリカに対するルサンチマンっていうんでしょうか、秘められた怒りが実に激しい。正直、ビックリしましたね」

――へえ。

「中東をまとめて考えるのは乱暴ですけれど、ビン・ラディンも今回のテロの実行犯にしても、アメリカでミドル・クラスの暮らしができる人がやってるわけでしょ、それは驚きですよね。植民地支配の被害者という意識が今でも残っている。戦後も欧米世界の影響力が強くて、それにイスラエルが建国されましたからね。被害者意識がほかの地域よりも長続きしちゃったんですね。特にアメリカの被害者だっていう意識は、も

■中東の植民地支配による被害者意識
現実には中東が欧米の植民地にされたのは東南アジアやアフリカなどよりも後。また、英領インドなどと違い、その土地のエリートを立てた体制が多かった。そのため、植民地から独立を果たすという明確な転換もなく、欧米がアラブの首長を後押しするという構図が各地に残され、植民地支配の名残が長続きする結果となっている。（藤原）

う骨に刻まれたようなところがあるみたいですね。そして外部に責任を押しつけられるので、自分たちが責任を負わなくてはいけない問題から目をそらせる、見ないようにもできてしまう」

――その自分たちの問題っていうのは？

「本来ならば自分たちの政府の腐敗や抑圧が問題になるはずなんです。パレスチナ問題にしたところで、条件付きとはいいながらせっかく自治政府を実現できたのに、PLO（パレスチナ解放機構）の腐敗と抑圧のために生活はちっとも良くならない。イスラエルの政策には確かに粗暴なものが多いんだけど、イスラエルのせいにすればいいってもんでもないんですよ。でも、イスラエルが強硬策をとり、それを西欧各国が支援する限り、自分たちのなかの問題には目が向かわない。そして、この問題はパレスチナ人の問題としてでなく、イスラム社会全員が犠牲になっているシンボルと見られています。

たとえばクリントン政権のときの中東和平協議は決裂に終わりました。

■クリントンの中東和平協議
93年9月のクリントン大統領、アラファトPLO議長とラビン・イスラエル大統領の3ショット写真で知られる。ここで調印された「オスロ合意」はノルウェーの仲介によるイスラエル＝PLO間の秘密交渉の果実。だがその後、双方で強硬派の力が強まり、95年のラビン暗殺などを経て、合意は崩壊したとみてよい。

でもアメリカやイスラエルが強圧的だったから失敗したとは、僕は思いません。大きな問題はPLO側内部での分裂だったはずです。アラファト議長の周りに急進的なグループから穏健なグループまでが集まって紛糾していた。アラファトがイスラエルとの交渉で譲歩すると、PLOの内部対立が強まって、そのPLOに対抗するハマスの力も強くなってしまった。

アラファトが指導力を発揮できなかった原因はパレスチナ側の内部対立のせいですよ。だけど、イスラム社会はそうは考えない。『自分たちはアメリカとイスラエルにムリな条件を与えられた、アラファトは十分頑張ったのに、その条件を飲まなかったからイスラエルが攻撃してきたんだ』って考える。これで、自分たちは常に犠牲者で、犠牲者なんだから加害者の相手にどこまで暴力を加えても正当化されると考えてしまうんです」

――テロのいちばんの動機ですよね。

「テロのいちばんの動機ですね。ここの悪循環をどうするかなんですよ」

〈冷戦後〉時代の日本の外交力を評価する

――という分析を踏まえると、今、日本政府がやっている議論は素っ頓狂ですよねえ。自衛隊の法律を変えて、アフガンに派遣してという議論はそもそもこの事件で何が最適な対策かっていう分析をすっ飛ばしてるじゃないですか。

「確かに現状は褒めようがないですが、ある危機が起こったら昔のことを当てはめて考えるのは、外交政策ではよく起こることなんです。

今回、まず外務省が考えたのは、湾岸戦争のときの失敗を繰り返すなっていうことです。湾岸戦争では、日本は膨大な財政支援をしたのに、それが国際的に評価されなかった。アメリカはもちろん、ヨーロッパや中東の諸国にも国際貢献として認められなかった、これはもう外務省の

■自衛隊の法律を変える

　このインタヴューの翌日10月5日に閣議決定されたテロ対策特別措置法のこと。同29日には参院で可決、スピード成立した。「同時多発テロによる脅威の除去」を目的に、自衛隊が非戦闘地域で支援活動ができるように定めている。

トラウマですよね。だから今度こそ褒めてもらいたいわけです。少なくとも外務省から見れば、アメリカから認められるっていうことこそが文明社会の一員だっていうことですから(笑)」

——ははは。

「それでいかに兵隊を送るかばかり考えていて、現在起こってる危機に自分たちがどう対処するかという問題は考えない。

そうした政策を可能にしてるもうひとつの条件は、アメリカの側についていれば大きな被害を受けないだろうという確信です。太平洋戦争とは違って、今度は強い方と手を組んでるから大丈夫だって」

——(笑)そんなに簡単でいいんですかねえ。

「まあ、今度の処置を見ると褒められたことはないんですけど、じゃあ、根本的に日本がダメかというとそうでもないんです。

日本は地域の復興援助ではずいぶん実績があるんですよ。政府がまともに機能せず、子どもたちが人殺しの練習をしている、そういう紛争地域で人から信用される政府を作るっていうのは大変なことなんですね。それを先ほど、申し上げたようにカンボジアで協力した。しかも、アフガンでもこれまで、ＮＧＯとかの人道援助を通じて、日本はアメリカとロシアが見放した地域でずいぶん活動してきたんです。その実績、紛争地域での平和構築とそれによって作った日本の信用を考えますとね、今、アメリカと一緒に武力で抑えつけてしまうっていう方法をとると、これまでの日本外交の成果を無にすることになるんです」

――ということは、日本ってポスト冷戦の外交スキルを、条件反射的に作ってきたわけですよね。けれど、そこに思想があるわけではないから機能しない。本来はすごくまっとうで、新しい方法論なのに。

「本来はね、ええ」

――それが、たとえば、ある程度考えたうえでやっていれば、きっと血肉となるんですけれども、条件反射でやっちゃってるから、アメリカの言いなりだという。

■日本人によるアフガンでの人道援助
たとえば医師・中村哲が率いるＮＧＯペシャワール会がアフガニスタンで活動を始めたのは86年。日本人による在アフガニスタンＮＧＯは、テロ特措法成立以降、連携し、自衛隊の「人道支援」が、これまで自分たちが積み上げた独立公平性や手法を揺るがし、またスタッフの安全を脅かしかねないとして、政府に公開質問状を送っている。

「えーと、状況判断としては、今回、アメリカにガツンと言われたり要求されたからこうなってるとは思わないです。むしろアメリカが何も言わないときから、先回りして『これが日本政府の方針です』と言ってるのが実態じゃないでしょうか。露骨なことを言えば、アメリカは日本の参加云々にほとんど関心ないと思います」

——はあ、なるほど。しかし、そのアメリカに褒められようとする戦略というのはあまりに幼いですよねえ。

「ああ、戦略性で言えば、幼いよりはしたたかって言った方がいいかも知れませんよ」

——そうですか？

「つまりアメリカが何か言う前に先回りして協力すればするほど、アメリカからお褒めにあずかるという仕掛けなんです。

日米関係で優秀な政治家というのは、アメリカに対して何かを言うのではなくて、アメリカの要求を事前に察知して、サッと行動する人なんですよ。岸信介、中曽根康弘、小沢一郎、みんなそうですよね。だから、今回のテロ事件への対応は、永田町の論理から言えば成功だと思う。でも日本の外交の将来から見れば破滅的でしょう。アメリカの政策が国際関係の安定を壊そうというときに、それに乗ろうとしているんですからね」

現状肯定に走ったメディア

——だから、今の国会の議論は世界地図のなかでまったく意味がないですよねえ。なんで日本は政府も論壇もこんなお粗末なことになってしまうんでしょうか。

「まあ、憲法問題は、戦後ずっと行われてきたことですよね。つまり自民党政権は安保政策を憲法に合わせるんじゃなくて、憲法の方を安保に合わせる。一方、野党は周辺事態の解釈をこれ以上広げちゃいけないと抵抗する。もうお決まりですよね」

——うーん、それにしても世界と距離があり過ぎると思うんですけどね。「結局、自分のわかる範囲で見るわけですね。今回の件では、自衛隊の派遣は言ってみればいわば既成事実なんです。それが正しいかどうかじゃなくて、与野党の席のバランスから見て、もうそうなるに決まっていたようなものです。もともと日本にいる米軍の艦船は周辺事態法とはまったく関係なく、外国まで行ってたし、その護衛を日本がすることも予想ずみです。

ただ、問題は今回必要なのはテロ対策であって戦争じゃなかったってことなんですね。だから、いくら勇ましいことを言っても、最終的に先ほど言った地道な活動にいずれ戻らざるを得ないと思います。それしか方法はないんですから」

——ただ、現実はそうかも知れないですけど、今回はメディアが自衛隊派遣の方に加速させるようバイアスをいろいろかけてますよね、非常に

■9・11当時の日本の与野党バランス
衆議院(定数480)は自民党233＋公明党31、民主党127。参議院（定数247）は自民党111＋公明党23、民主党59、共産党20。

■周辺事態法
99年成立。新「日米協力のための指針（ガイドライン）」関連法のひとつ。周辺事態とは「日本周辺地域における我が国の平和及び安全に重要な影響を与える事態」のことで、日本の本土有事というよりも、北朝鮮、台湾有事を想定している。

エモーショナルな方法で。

「そうですね。『世界戦争の時代だ！』とかの言葉が溢れてますね。もし本当に世界戦争の脅威がある、つまり戦争が起こったら世界が破滅しちゃうと誰もが恐れるときには、実は国際関係は安定するんですけどね(笑)。

それにメディアそのものがハリウッド映画みたいな、視覚的な物語にどんどん傾斜してますよね。突き放して、事実関係をドライに見る視点じゃない。今、日本でいちばん危機感を持っているのはイスラムの専門家だと思いますよ。イスラム社会への偏見が広がるのを憂慮してるだろうし、いくら何でも、こんなとんでもない誤解をしてもらっては困ると思ってるんじゃないですかね」

――せめて新聞なんかは、一応、頭がいいって触れこみで売ってるんなら、最低限の仕事をしろよって思ってしまいますけどねえ。

「新聞社はこういうときは両論併記に走るんですよね。新聞として判断を下したくないから、いろんな議論を全部載せて、ほら、我々は中立的だって言うわけですよね」

——それは本当は全然、中立的ではないですよね。単に自分たちの見解を示すことから逃げてるだけで、その姿勢が何を生むかと言えば現状肯定というだけですからね。

「ええ。意見を並べるだけで新聞としての判断は避けるわけです」

セキュリティと自由

——今回の事件を通して僕がいちばん結論の出ない、重い問題についてうかがいます。テロ対策で警察の管理みたいなのがどんどん進むと、自由は制限されるだろうという予想が多いですね。やっぱりそうなんですかね。

「テロ事件を想定すると、市民的自由の規制は避けられないと思うし、ある範囲でわたしは正しい、正しくはなくても避けることのできない行為だと思います」

――我々のようなロック屋は、自由とか人権とかに、やっぱりこだわってしまうんですけど。

「こういう事件があると人権問題は必ず起こるんですよ。9・11事件はテロリストの側からすれば大成功になりかねない。『あ、こんなことができるんだ』って模倣犯が沢山出てきたらたまったもんじゃない。

そしてね、さっきも言いましたけど、テロ対策で重要なのは起こってから後をどうするかじゃなくて、未然に防止することなんです。これは、犯罪を犯した者に対してどう処罰するかという通常の刑事手続きとは違う面がどうしても出てくるわけで、情報を得るためには人権侵害が行われることもあるでしょう。それでもテロ事件が起こってからでは遅いということがやはりあるわけで、わたしはテロを抑える刑事警察の行動を支持します。

とは言え、人権侵害が起こりやすい分野だけに、その規制をかける政府のとった行動が本当にテロ対策なのか、テロを口実に別のことをしてるんじゃないのか、絶対にチェックしないといけないですよね、盗聴法とかでも出てきてる問題ですけど。それは規制がいいか悪いかっていう一般論じゃなくて、それぞれの規制の方針について、それは間違ってると訴える余地が残されているか、反対意見がきちんと扱われるか、そういう制度があるかどうかだと思います。ところが、たとえば言論の規制だと、規制していること自体が秘密にされることが多い。政府のなかでもその規制があるっていうのを一部の人だけが知っている。政府のなかに政府ができちゃう危険はあります」

——となると、すごく粗雑に考えれば、昔懐かしい秘密警察国家の誕生を連想してしまうんですけどね。

「その問題がありますよね。テロの規制には何らかの介入は必要だけれど、その介入を直線で伸ばしていったら、まさに警察国家です。テロ対策という名目で秘密警察が正当化されてしまう。逆に、そんな規制は必要ないと言うと、被害を受けるのはむしろ我々の側になります。というのも、いざ日本で事件が起こったときに、かえって極端な法律ができるでしょうから」

——その反動の方が怖いと？

「ええ、反動の方が怖いです。一度、市民が死ねばどんな極端なことだって世論は受け入れます」

——でも、さらにシニカルに考えると、規制をかけてもテロは起きますよね。

「ええ。おそらく」

——そうなったとき、「でもテロは起きる」っていう事実を前に、文明国家、近代的な社会のなかで僕たちは暮らしていく、その先進国側のロジックの根拠を我々はいったいどこに持てばいいんでしょうか。

「それはとてもいいご質問だと思うんですが、さらにシニカルに言えば、勝ったことにして、すぐその後に忘れるんでしょうね。テロと共存する生活なんてとても受け入れられるものじゃありませんから、テロを撲滅した、やったやったと思いこむわけです。アメリカは今度の事件では大勝利だったことにして、いったん、軍事行動を終えるでしょう。そして、もう一回同じようなテロ事件が起こったときに、あのときはいったい何だったんだろう?と振り返ることはしない。その繰り返しですよね」

――それでやってけますかねえ。

「それでやってくんだと思いますよ。クリントン大統領時代、アメリカはスーダンとアフガニスタンに巡航ミサイルを発射しました。あれは誤射で、工場が壊されて一般市民も死人が出たわけでしょ。だけど今その事件を覚えている人ってほとんどいないでしょ。あれはなかったことになっている。今、あれはそもそも何のためにやったのか、という議論は出てきてませんよね。いやあ、人間が自分を騙す能力ってすごいもんだと思いますよ。

■クリントンの巡航ミサイル発射
P30の脚注参照

ただ、『テロとの戦争だ！』って言いながら世界各地で戦争を繰り返して、ちっとも効果がない。かえってひどくなったじゃないか、そんな状態にまで追いこまれたらやっぱり考え直すでしょうね。それまでは、だいぶ時間がかかると思います」

02
アフガニスタン戦争でアメリカは何を失ったか
2002年1月31日

このインタヴューはアフガニスタン軍事介入の3ヵ月後、ブッシュ大統領の「悪の枢軸」演説の数週間後に行われた。「悪の枢軸」演説の中で、ブッシュは「大量破壊兵器（WMD）」という、専門家はともかく一般にはまだ耳慣れない言葉を使って、イラクとイラン、北朝鮮が国際テロリストと結託している、と非難した。一方で世界のメディアは「アメリカの単独行動主義」を問題視するようになった。ブッシュ政権が京都議定書をはじめとする国際協調の枠組みを露骨に軽視し始めたからだ。「ビン・ラディンが核入手!?」といったニュースも日常の一部になっていた。

ここでは「アメリカの終わりの始まり」がいち早く宣告されている。インタヴューから5年経った今、その認識自体には現実はすでに追いついたと言える。だが、「帝国」アメリカはなぜ終わるのか、その結果、世

界はどんな副作用に苦しむのかなど、ここで示された見取り図の説得力は高まるばかりだ。

――アフガニスタンへの空爆「不朽の自由作戦」も終わり、基本的に新聞などではアフガンは復興に向かっているということになっています。でもブッシュは〈テロ国家〉〈悪の枢軸〉という言葉を使って、非常に攻撃的ですよね。

「外交政策としては破滅的に乱暴ですね。アメリカ本土が攻撃されたから、今回のアフガンのような過剰反応に繋がってしまった。〈これは戦争だ。だからやり返す〉ということになり、しかもそのテロリストをやっつけるだけじゃなくて、テロリストを置いてる国も攻撃の対象に加えてしまった、ということですよね。

もしアメリカ本国にテロリストがいたら、周りごと空爆なんてしないでしょう。それがたまたまアフガニスタンだから空爆ができた。アフガニスタンなら巻き添えになって人死にが出ても構わないってことですから、もう極端に不平等で不公平な仕掛けですね。

もっとも、これからアメリカ本土を狙うテロが何度でも起こるかっていうと、さあどうなんでしょう。率直に言って、今回ほどの大規模なテロが成功する可能性は非常に乏しいだろうと考えます。小規模なテロは起こるでしょうから、アメリカの過剰反応の方が目立つ展開になっていくんじゃないですかね」

暴走するアメリカ

――おっしゃったように、ほんとに極端に不平等な仕掛けですよね。でもそのアメリカに誰も歯止めがかけられなかったわけですよねえ。

「まあ、アメリカが大国主義を振りかざすのは今に始まったことじゃないですよね。ただ50年代から60年代の頃と比べると、はっきりした違い

■ブッシュ政権の単独行動主義　ブッシュ政権が地球温暖化防止のための京都議定書から離脱したのは9・11前だが、その後も包括的核実験禁止条約、国際刑事裁判所の設立条約、ABM条約などで批准拒否・脱退を続けた。

があると思います。

50年代にはアメリカって急に大国になった成り上がり者だったから自信がなかったんです。文化の中心はヨーロッパだと思ってたし、実際に大学の主立った教授はヨーロッパからの亡命者ばっかりでしたしね。だからこそアメリカはハイ・カルチャーじゃなくて、身近なサブ・カルチャーに流れこんでいったわけで。

終戦後、日本に来たアメリカ軍人は傲慢だったなんて言われますが、それぱっかりじゃない。箱根の富士屋ホテルのそばにある土産物屋さんのおばさんにうかがったんですが、占領期に泊まった米兵さんは、日本の長い伝統に対して、それはもう不必要なほど頭を下げてたんですって。戦争がなければ日本に来ることなんかなかったし、富士屋ホテルなんて名門に泊まるはずもなかった人たちなんです。そういう〈普通のアメリカ人〉は威張り散らすだけじゃなくて、自分の国にはない伝統には頭を下げた。シャイで可愛いところがあったわけです。

■サブ・カルチャー
　ここではアメリカを中心に広がった大衆文化＝映画、ロックやヒップホップ、テレビ番組などのこと。ヨーロッパの貴族～ブルジョワ社会で花開いた哲学、音楽、小説、演劇、建築などの世界（ハイ・カルチャー）に対して、大衆社会で消費される文化。多数派の主流文化に対して、少数派に支持される逸脱文化、という意味のサブ・カルチャーではない。（藤原）

70年代にはベトナム戦争に負けて、アメリカ的正義がほとんど地に落ちました。この頃、アメリカ的なものに対する疑いが出てきて、アメリカ人は学問の世界だとフランスの構造主義とか、イギリスなどのネオ・マルクス主義とか、手広く勉強したんですね。当時、僕はアメリカにいて、アメリカの学問ってすごいもんだと思いました。彼らは自信がないから外国のものを吸収してるんですが、僕には、世界中にあるものを吸い取ってしまう、学問のセンターみたいに見えました」

——確かに、あの頃のアメリカは、映画でもロックでも報道でも、自分たちをクールに見られるんだな、自分たちの闇とも向き合えるんだな、それはすごいっていう感じがありましたね。

「ところが今はまったく違うんです。自分たちと違う文化や学術に対する関心が完全に衰えちゃってる。どんどん内向きになって、アメリカの優位を語るのが当たり前だっていう時代になってしまった。朝鮮戦争やベトナム戦争の頃には『アメリカはこんなことをしていいのか』って、自分たちに疑問をはさむ議論が常に国内にありましたけど、今はそれだってない。それがいちばんショックですね」

——となると、いよいよアメリカの歯止めがなくなるんじゃないですか。あの暴走を続けられると、事態は悪くなるとしか思えないんですよ。

「でも、アメリカがダース・ベイダーのように世界を支配する時代がくるかと言えばたぶんそうではないでしょうね。むしろ気が向いたら介入して、好きなときに引いちゃうっていう問題が出てくる。アメリカってヨーロッパの植民地帝国と違って、恒常的に植民地を統治しようとしないんです。だから制度もインフラも残らない。その引いちゃった空白をどう処理するかが問題なんです。そちらの方が難しいですから。

たとえばこの後、アフガンについては、まず報道が思いっきり減ってしまうでしょう。〈勝った〉後がどうなるかは伝える値打ちがないんです。自分が見たい情報だけを見るわけですね」

■国際政治の空白
空白地帯ができることの危険性は1章参照。

現実は〈アメリカの終わりの始まり〉

——そういうアメリカの強権的な態度は今後、どんどん進行していくんですかね。それともこの事件でアメリカ的なグローバリズムの終焉が見えてしまったんですか。

「大雑把に言えば、今回の事件はアメリカの終わりの始まりだと思いますよ。アメリカがいちばん強いのは、戦争に勝てる力を保持しながら戦争はしない状態なんです。だからこんな地域介入を繰り返していったらかえって力は衰えてしまうんです。外交の信用はもちろん、経済力、軍事力とともに下がっていく。

それとアメリカの力の衰えだけでなく、アメリカに頼っていれば国際関係が安定するという時代の終わり、でもあります。

けれど、それはこれでアメリカが終わりだということではない。それどころか今回ヨーロッパだって日本だって、今までアメリカの脅し、軍事力に頼ってたっていうことが暴露されてしまったわけですよね。結局、アメリカの代わりになる軍事力って存在しないんです。

それじゃあなんでアメリカが衰退していくかっていうと、アメリカの国内のイメージと外から見られるイメージのギャップがあまりにも大きくなり過ぎちゃったことなんです。そうしたメッキが剥げてくるとほかの国とアメリカの軋轢はどんどん表面化していき、ほかの国と協力関係を持ちにくくなる。ほかの国を誘いこんで戦争をやろうとしても参加しない国が増えていくでしょうから、不本意だとしても単独で戦うほかの選択がなくなってしまう。アメリカは国際協力よりはむしろ強圧的な軍事行動の方に走るでしょう」

――アメリカが衰退すると、今後の世界地図はどうなるんですかね。

「まず、外国でアメリカとの協力を訴える人や政府は、アメリカの政策を正当化するのがだんだん難しくなっていく。かといってアメリカに代わるパワーが出てくる状態でもない。

9・11とか、あるいは本物の〈悪の帝国〉とか、核戦争を辞さない国とかが出てくれれば、たとえブッシュ政権のもとであってもアメリカを中心とした世界的なまとまりが強まるとは思います、ほかに選択がありませんから。ただ問題は、そんな強大な脅威は出てきそうもないということです。今、世界にある危機はパキスタンにしてもインド、北朝鮮にしても、世界戦争を引き起こす力なんかないし、外交によって緊張を打開する余地がある危機ばかりなんです。つまり本当はアメリカがいなくても打開の目途がつくんです。

現在の国際関係を見れば、僕はアフガニスタンよりも北朝鮮の方がよほど大きな脅威だと思ってます。でも、その北朝鮮の脅威にしたところで、今すぐ日本や韓国に攻めこむっていうものにはまだなっていない。

こういうときにいちばん有効な方法は、戦争じゃなくて、抑止と外交の組み合わせです。『何かしたら仕返しするぞ』って脅して、その脅しを

■抑止と外交の組み合わせ
北朝鮮に対する具体的な措置としては、アメリカによる核抑止と外交交渉の組み合わせが必要、の意。02年の日朝会談、03年からの六者協議は「外交」にあたるが、このインタヴューの時点ではまだ始まっていない。

保ったうえで、外交ルートを通して相手が態度を変えるチャンスをつかむわけです。これは地域各国の協力なしにはできないことですから、中国、ロシア、日本や韓国などの共同歩調が必要になる。でも、アメリカが今やってるのは抑止じゃなくて戦争に訴えるというやり方ですよね、これだと地域各国を巻きこむ余地は減ってしまうでしょう。アメリカに協力する国が減ると、アメリカのできることも少なくなるし、また国際機構の出番も減ってしまう。で、アメリカは自分の信用が下がる過程で国際機構の信用も一緒に下げてくれます」

——はははは。

「アメリカなしの国際機構ってホントに意味ないんです——アメリカには邪魔するだけの力がありますから(笑)。そうすると、残るのは地域機構だけになる。ヨーロッパの問題はEU(欧州連合)のなかで処理するようになるだろうし、日本だったらASEAN(東南アジア諸国連合)プラス・スリー(日本・中国・韓国)、東南アジアと北東アジアを含めた枠組みによって問題解決を図る方向に動くでしょう。そうやって地域ごとに固まっていくと、国連の出番も減るわけで、国際関係が地域にバラけてしまうでしょうね」

限定核戦争の恐怖

「ただ、世界には地域機構に頼っても問題解決ができない地域があります。中東、イスラエルがそうだし、アフリカのルワンダからコンゴからジンバブエ……あの辺一帯は、90年代から戦乱が続いていて、それが収まる展望は見えていない。コンゴの戦争は本当は20世紀有数の戦争で、死者の数は大変なもんです。あそこにはアフリカ連合(AU)という地域機構はあることはありますが、AUじゃこの規模の紛争には対応できません。国連や国際機構の影響力が下がると必然的に放置されますし、実際、今放置されています。結局、ある程度の豊かさがあり、地域機構もある

■コンゴ紛争の死者数
98年から合計400万人以上。第二次大戦以降、「最も死んでいる紛争」とされる。武装組織どうしの抗争は隣国ルワンダの「ツチvsフツ」抗争が飛び火したもの。

ところは、アメリカが弱体化しても生き延びられるんだけど、〈世界の底〉みたいなところの紛争は、放ったらかしにされてしまうんでしょうね。

だからイヤな言い方ですけど、〈世界の底〉を見捨ててるのが世界の現状なんです。今の状態はヨーロッパや日本に住んでる人にとっては世界の終わりではありません。僕らが戦争の犠牲者になる可能性はごく低い。でも中東やアフリカという〈僕たちの世界の外〉では常に戦争が当たり前という時代になりかねない。自分たちに被害が及ぶテロさえ防いでおけばいい。あとは誰がどんなに殺し合おうと構わない。そういう方向に確実に動いてますね。だから今は世界の終わりではなくて、残酷な世界の継続と言った方が正確だと思います」

——そうは言っても、それこそどこかの誰かが本当に核を入手したら、我々にも犠牲が及ぶ可能性は高いんじゃないですか。

「大いにあります。けれど、もっと問題なのは、核戦争が世界核戦争にエスカレートするとは限らないことなんです。核戦争が世界核戦争にな

■放ったらかし
冷戦後の「放ったらかし」地域の無政府状態については1章参照。

るのならば抑止が働く可能性があるんです、戦争になってしまった場合の被害が大き過ぎますから。

しかし、もし意外と被害が小さい限定核戦争というのが一回でも起これば、核兵器は使える兵器になっちゃうんです。実はこれがいちばん恐ろしい。核兵器が戦争における兵器としての合理性を獲得してしまいますから。核兵器が使われて、確実に世界が破滅するなら、核を使わないという方向に傾くでしょうが、実は現実に何万もの人が死んでも、世界は終わらない。だからこそあぶないんです」

アフガニスタンの解決法

――前に、アフガニスタンは冷戦後に放ったらかしにされた典型例と言われてましたね。本来はどうすればよかったんですかね。

「まず、もっと早くに介入すべきでした。ソ連軍が撤退した後、国連の

■核兵器の合理性
この頃、念頭にあったのはインド・パキスタン関係だ。アメリカの監視をかわすようにインドは核実験に踏み切り（98年）、その直後パキスタンも核実験を行った。カーギル戦争を経て、インド・パキスタン間には〈安定抑止〉状況が生まれ、戦火の可能性は遠のいた。最悪事態が避けられてホッとしているが、核不拡散体制は依然、実効性が失われたまま放置されている。核兵器が実戦で使用される可能性はまだ残されていると思う。（藤原）

行った平和維持活動は、もう最初から失敗が予測できるくらい脆弱な規模だったんです。弱かったから、内戦が再開してしまって、タリバンが制圧してしまった。

昔話じゃなくて今のことで言えば、欧米諸国主体の多国籍軍という方法でなく、イスラム諸国を巻きこんだ仕組みにしなければいけないと考えます。

タリバンを抑えこむにはやはり軍事行動が必要になるでしょう。でも住民のなかにタリバンへの支持がある限り、空爆で潰したところで復活するでしょう。ポイントは、タリバンではないがイスラムも否定しないという仕組みをアフガニスタンに作ること。そのためには今回の多国籍軍のようなスタイルでは無理なんですよ。

よく誤解されますけど、イスラム諸国の政府だってイスラム急進派の勢力が拡大することは決して望んでいないんですね。彼らにとってもアルカイダのような勢力は内政を不安定にする存在ですから、脅威なんです。ただ、欧米諸国を主体に急進派を抑えこもうとすると、〈イスラム対西欧〉という構図に見えてしまう。

そのためには国連を使うほかはない。イスラム諸国が国連の枠のなかでアフガニスタン復興を支援するという図式が必要です。ただ、ほかの中東諸国への不信も高い地域ですから、中東圏以外のイスラム諸国の参加も必要でしょう。インドネシアやナイジェリアが関わるような仕組みがほしい。こうすることで正当性を獲得できる」

――ＰＫＯ（国連平和維持活動）で停戦監視団を送って、刀狩をするということですね。

「そう、それからアフガンの軍閥――北部同盟ですね――に依存して作戦を進めてはいけない。彼らの力をかえって強めてしまいますからね」

――ああ、なるほど。

「この仕組みでやるのなら、日本の役割は大きいです。日本はイスラム諸国からは欧米とは違う国としての信用を築いてきてますし、インドネシアやマレーシアのような、中東以外のイスラム諸国との関係も良好です。中東における日本外交の最大の資産は、兵隊でも富でもなく、信用です。

国際紛争の終結と戦後復興という場面でいちばん大事なのは、カネや力じゃなくて信用なんです。普通に考えて、よそ者が突然やってきて信用されるわけないじゃないですか。それと、長期間関わろうとしなければ、当事者から信用されない。失敗します。アメリカの影響力も、もともと世界各国の信頼を集めることで成り立ってたんです。軍隊が世界一というだけでは、ほかの政府を動かすなんてことはできない。

でも、各国から信用されるというのは、今のアメリカがいちばん不得意なことなんですね。アフガンの問題点は結局そこでしょう。あれだけ空爆した後の復興援助なんて、矛盾だらけです。今までアメリカは軍事力と経済力に加えて各国から得た信用を後ろ盾にして、世界政府的な役割を果たそうとしてきた。けれど、今回の一連の事件によってその信用を完全に壊しちゃったんです」

日本人はどうすれば愛されるか

――しかしアフガニスタンは国際協力で復興できるんですかね。あれだけ荒らされてしまうと難しいですよね。

「もちろん難しいし、まず国際協力をする気があるかどうか、ってことがありますよね。でも、日本は難しいところでがんばってきた実績はあるんですね。

すごく素朴なこと言いますけど、さっきアメリカのことを成り上がりと言いましたが、日本はアメリカ以上に成り金なんですよ。おまけに憎まれてもいました。それで第二次大戦後、もう一度世界に日本を受け入れてもらうためにはどうするかって考えたんですね。

日本の戦後の経済外交、ＯＤＡ（政府開発援助）外交というのは、利権狙いもありましたけれど、世のなかの役に立つことで、傷ついたエゴを回復させたいっていうところもあったんですよね。愛されたい日本人というか。愛されたいという願望はかつてのアメリカにも強かったけど、今のアメリカはアメリカの政策が感謝されるのが当たり前だと思っていて、愛されたいとか理解されたいという感覚がなくなっちゃっている。それでその分だけ政策が強引になっています。公共性もないし継続性もなくなっている。

だから日本のいいところは自分たちは嫌われてると思ってるところですよ(笑)。やっぱり、理解されたい受け入れられたいっていう気持ちが長期的なコミットメントに繋がっているわけで——まあ、賢いからそうなってるとは必ずしも言えないんですけど。それでもまだ日本の方が、変な言い方ですけど、アメリカより可愛げがあるとは思うんですよ」

——はははは、なるほど。

「それともうひとつ結果論で言えば、日本の〈愛されたい〉という姿勢が単独行動をしないことに繋がっていったんですね。日本はASEANにお金や技術を与えましたが、できるだけ日本が表に出ないように、チームプレイでやってきた。そのおかげで信用も得られたんです。あのとき日本が単独行動をとろうとしてたら信用なんか得られてないです。それでようやく東南アジア地域の基本ができ上がって、その成果を東アジアに広げていくっていう手順を踏んだ。

そう考えると、アフガンで仕事をすることは日本の外交の影響力の拡大にもなるし、地域の受け皿とか機構を作る経験にもなるわけです。アメリカが自家中毒になっちゃった時代には、そういうことがすごくパブリックなものを作る仕事になるんだろうと思いますよ。

特に発展途上国の場合、欧米諸国にいいように操られ、搾取され、使い捨てにされてきたっていう思いを抱えた人が沢山住んでいる。〈国際社会〉とか〈公共性〉とかアメリカやイギリスは言うけど、おれたちのことなんか考えちゃいないんだって固く信じてるわけ。そして、弱いから食い物にされるんだ、痛い目に遭わせたら少しはこっちにも目を向けるだろうなんていう荒廃した感覚が広がりやすい。そんなところに出て行って、その人たちの必要とすることを行うってのは、ワシントンやニューヨークから説教するよりもよっぽど〈国際社会〉のために意味のある行動でしょう。だって、ブッシュ大統領と緒方貞子さんと、どちらが世界で信用されてると思います？」

――ははははは、ホントですね。しかし、日本人は控え目だからODAをあげても感謝もされなければ、日本のおかげということも知られてない、だからもっと戦略的にやろうとか、あるいは、もうODAは止めちゃおう、みたいな意見もありますよね。今までのやり方でいいんですかね。それともそういう発想そのものが卑屈なんでしょうかね。

「えっと、あんまり控え目じゃなかったかも知れませんよ。日本で見てると日本は控え目に見えるのかも知れないけど、援助を受け取る現場、僕の経験で言えばフィリピンとかでは、横柄な日本の役人や援助関連の企業の人にいくらも会いました。こっちがカネあるんだからおまえたちは言うこと聞くしかないんだっていう思い上がりは、別にアメリカに限ったことじゃないんですよ。援助外交って言いますけど、別に札束切ったから、言うことを聞いてくれたわけじゃないんです。日本はASEANという小国の連合体の代弁者の役割を長く果たしてきた。だから信用もされるし、言うことも聞いてもらえたんです。

これは軍隊じゃなくて支援を、っていう主張じゃありません。紛争終結と復興には、軍隊も、援助も、両方必要です。でも、敵をかえって増やすような軍事介入にしないためには、その土地の人が受け入れ、支持するような仕組みを考えなくちゃいけない。

政府は壊れ、戦乱が続き、生きてる間にはいいことなんて起こりっこないとあきらめてる人たちのなかに入って、まず謙虚に耳を傾けることが必要なんだと思います」

03

開戦前夜——私はイラク戦争になぜ反対したのか
2003年2月27日

2003年2月、世界は、アメリカがイラク戦争を始めるか否か、を注視していた。ブッシュ政権は、フセイン政権が大量破壊兵器を開発、または隠しており、これがテロリストに渡る危険が迫っていると主張、国連主導の査察では不満だとして、力ずくでイラクに武装解除を迫ろうとしていた。フランス、ドイツ、ロシアは、査察により時間をかけるべき、という慎重論を固持し、また、週末毎に、世界のどこかで大規模な反戦マーチが行われるようになった。このインタヴューの1ヵ月後、アメリカ陸軍はイラク国境を越え、「イラクの自由作戦」が始まった。

ここでは、戦争へとひた走るアメリカの心理、それをクールに見る各国の対応が丁寧にたどられ、この戦争が引き起こすであろう世界の巨大な構造変化を予見、その危険性に警鐘が鳴らされている。国際政治のプ

プロフェッショナルによる「反戦」論とはこういうものである。

ネオコン登場

——僕は、なぜアメリカがあれほどイラクを攻撃したがっているのか、今ひとつ理解できないんですよ。ブッシュの石油利権狙いだとか、アメリカはとにかく好戦的な国だからとか、いろいろ言われていますが、どれも馴染めないんです。本当のところどうなんですかね。

「これは政府の話と世論の話と、分けて考えた方がいいと思います。

まず政府で言うと、アメリカは政権交代がある国ですね。共和党に政権が移るってことは民主党の外交とは違うことを始めるってことです。で、ブッシュのグループが9・11前に政権をとって、最初にやろうとしたのが簡単に言えばイラクとの戦争です」

——ほう。

■反戦マーチ
イラク戦争前の反戦行動はベトナム戦争時の規模を上回ると言われる。なかでも03年2月15日には全世界のNGOが全世界一斉反戦マーチを組織し、60カ国を超える国で、合計推定6百〜1千万人の人がこの戦争に反対するために歩いた。

「少し遡りますが、もともと共和党は東部エスタブリッシュメントの政党で、金持ちの国際主義のようなものを持っていた。第二次大戦までの東部財界は圧倒的に大西洋貿易に頼ってたからです。民主党は国内の労組や農民ばかり見てるけど、共和党は世界の視点からアメリカ外交を考えてるっていう理屈ですね。

ところが、その東部共和党が、中西部と、もとは民主党の地盤だった南部までを傘下におさめたんですね。この中西部から南部っていう地域はアメリカのなかでもいちばん内向きで、〈内政第一、アメリカ第一〉っていうところなんです。

すごくおおまかに言ってしまうと、レーガン政権が発足する頃に共和党の転換が急速に進んで、クリントンが大統領だった94年には上下両院を制するところまで来た。そしてブッシュ政権の発足で、共和党はとうとう大統領と議会の両方を手にしてしまった。

ブッシュの側近の連中はこういう保守層をバックにしたネオ・コンサ

ーヴァティヴ（新保守主義）と言われる人たちです。彼らは、アメリカは単独軍事優位を保って世界を指導する責任があると考えている。この人たちは、ベトナム戦争の頃には反戦派だったのが、クルッと一回転してアメリカ万歳に変わった、ちょうど学生運動の世代が世界に冠たる日本経済第一って言い出すのと似た感じのインテリなんです。教育水準も高いですし、頭でっかちな官僚タイプ。中東に民主主義を広げるっていう政策を本気で信じてるんです」

——過剰に理想主義的なわけですか。

「そうなんです。そこでいちばんの懸案は、イラクを放置していることです。のちに国防副長官になるウォルフォウィッツなどは、『お父さんブッシュのときに湾岸戦争でちゃんとフセインを叩いておけばよかった、あれはアメリカ外交史上最大の失敗だ』なんて公言していた。彼らが当時のクリントン大統領を叩いたいちばんのトピックもイラクでした。『早くフセインを潰せ』ってね。94年以後のアメリカ議会はイラク問題を何

■ネオコン官僚
当時の国防副長官ウォルフォウィッツ、国務次官ボルトンなど。また思想的支柱としてウィリアム・クリストルが主宰する保守的な政治評論誌『ウィークリー・スタンダード』がある。

度も蒸し返してきていて、01年にブッシュが政権をとったときの外交の頂点もイラク作戦なんですよ」

——あ、9・11前からイラクって言ってたわけですか。

「そうなんです。この新保守主義を中西部から南部にかけての保守層が支える構図ができてしまったんです。それは中西部から南部にかけて住んでる普通の人たち。教育水準は比較的低くて、毎週教会に通い、人種で言えば圧倒的に白人。彼らは『ワシントンとかニューヨークの都市に住んで、外国人に甘い、軟弱なやつらのせいで、普通の真面目に働くおれたちアメリカ人がひどい目に遭ってる。多文化主義とか、国連や国際主義とかの〈リベラルな価値観〉がアメリカを歪めてしまった、これを排除して本来のアメリカをとり戻したい』と。象徴的なのが〈中絶反対・銃規制反対・国連嫌悪〉になるんでしょうかね。この人たちが共和党という政党を作り替えちゃったわけです。

ただ、内向きってことは、戦争嫌いってことでもあるんです。アメリカにとっての戦争は、アメリカのためとは考えられていないんです。世界各地の人々のためにアメリカ人が犠牲になるってことです。中西部と南部は孤立主義が強いところですから、何でアメリカばっかり、お人好しにも損な役割を引き受けるのか、アメリカをまず優先すべきじゃないかって考える。ですから共和党が政権をとったからといって、すぐに戦争ができるような状況じゃなかった。

そのときに9・11事件が起こった。それで世論が戦争の味方についてしまいます。世論も、自分たちの恐怖を払拭するために周りの敵を倒していかなければ、と考え始めたんです。

それから大事なのは、〈世界のリーダー＝アメリカ〉っていう考え方はアメリカ人にとって非常に大事な感覚だということです。自分たちが世界を指導していて、世界の安全のために自分たちは犠牲になってるんだ、そういうヒロイック（英雄主義的）でナルシシスティック（自己愛的）なイメージ。これはアメリカのナショナリズムそのものなんですよね。

自分たちのためによいことと、世界のためによいことが重なるわけです。

というわけで、共和党のかなり急進的な政策が政権交代のために実現してしまった。それを9・11事件をきっかけに世論が支えるという構図ができちゃった。石油とかイスラエルとかももちろん理由としてはありますけど、今回のは利益とか利権のための戦争というかわいいもんじゃないですよ」

——なるほど。それでも、なぜ、そこまでイラク、フセイン体制にこだわるのか、やっぱりよくわからないですね。

「公式には、中東地域最大の脅威だから。やっぱり、前回の湾岸戦争、イラクがクウェートを攻め、そのクウェートからイラクを追い出した後の混乱が尾を引いてるんですよ。クウェートを侵略し、お父さんブッシュの暗殺まで計画したというフセインは現代のヒトラーと見られてるんですね。でも、現実には、湾岸戦争の前ならともかく、今のフセイン政権がいちばんの脅威とは言えないですよね。本土の制空権さえ奪われてますし。たとえばイスラエルとの関係ならば、イランとかシリアの方がよほど脅威ですよ。でも、そうは考えない」

アメリカにとって民主主義は〈きれいごと〉ではない

――じゃあ、その共和党の急進的というか攻撃的な政策は、アメリカが独立以来持っている古典的な世界観なんですかね。

「えーっとまあ、アメリカもいろいろあるし。ブッシュとアメリカ人を一緒にしちゃアメリカ人が可哀相です(笑)」

――はははは。

「もっともアメリカ社会で言う民主主義は、日本人が考えがちな〈きれいごとで実現しそうもない建前〉ではないですよね。アメリカの現実の制度であるし、それを世界的に広げる使命をアメリカは持っており、逆に世界に広げないとアメリカも不安定になる、と考えられている。自由の拡大と自由の防衛は裏表の関係にある。この意識はウィルソン大統領以来ずっとあります。ウィルソンは第一次世界大戦に参加するときに『世界をデモクラシーに安全なところにするために参戦する』と言いました。ただ冷戦の間、この方針は少しお休みになります。だってソ連が独裁政権でも、それを倒すからって核戦争するわけにはいかないじゃないですか。それで民主化よりも冷戦の軍事戦略が優先してたんですが、冷戦が終わって、この民主化推進という観念が復活した。

それから力の分布から見ても、米ソ二極の対抗からアメリカの一極優位に変わった。つまり『アメリカは世界の警察官だ』と言っても刃向かう勢力はないので、単独で軍事力が行使できる。

こうしてウィルソンの掲げた理念、イデオロギーを振りかざす正義の帝国、みたいなものができちゃったわけです。それが今に至るまで続いているっていうことでしょう」

■ウィルソン大統領
在職1913－21（民主党）。ニューディール政策や、第一次世界大戦後、自由主義的な国際秩序を目指す、ウィルソンの十四カ条などで知られる。

正義の帝国VS外交リアリズム

——ただ、本当に世界に正義が広がっていくのならいいんですけど、もうそのアメリカの正義がインチキだってバレバレじゃないですか。

「あんまりバレバレじゃないかも知れませんよ。まず、正義だろうが何だろうが、イギリスでも日本でも、正義はともかく、そのアメリカの力の方にはオンブしてきたっていうことがあります。

それにアメリカ国内じゃ、インチキだって思われてません。戦争にほとんど負けたことがない国ですからね。朝鮮戦争も負けたわけじゃないし、実質的に負けたベトナム戦争でも条約のうえでは負けてはいない。ほかの戦争ではずっと勝ってたでしょ。勝って『この村も静かになるぜ』って立ち去っていく。ホントは静かになんかなってないんだけど、それは誰も報道しないから(笑)、どんどん自己愛に傾斜していく。そういう大衆文化と政治ですよね」

——でもアフガニスタンで同じことをやったのは、ほんの1年前で、今、あそこはグジャグジャになってるじゃないですか。

「ああ、そこはねえ。あれはアフガニスタンに住んでる人にとっては成功とは呼べないんだけど、それ以上悪さができないぐらいに痛めつけたって意味では成功だっていう言い方があるわけで——」

——すごいですね、それ。

「すごいんです、戦争の後の治安維持なんかは、全部イギリスとドイツに投げるわけですよ。ドイツは怒ってますよね、『アメリカの後始末をおれたちがやらされてる』って。でも、そういう情報はアメリカでは絶対に流れない」

——情報操作があるわけですか。

「政府が都合のいい情報を流すという意味ではそうですけど、政府だけじゃありませんよ。世論も『自分の政府が悪者だ』みたいなニュースは

■アフガニスタンでのドイツ軍、イギリス軍
03年夏からアフガニスタンの治安維持はNATO軍があたっている。01年の戦闘から07年4月までの治安維持軍の死者は米軍377人、英軍52人など合計556人。アフガニスタン市民の死者数は明らかになっていないが、たとえばロイターは06年だけで1千人以上ではないかと報じている。

聞きたくないじゃありませんか。

それにね、タリバンを倒すほどの大作戦はドイツの兵隊じゃできない。背後にあるのはやっぱり力の問題なんです。アメリカだけが単独で戦争に勝つ力がある。アメリカ半分、その次イギリス、その次どうでもいい、というね。この力関係があって、結局損な役回りばっかりおれたちが押しつけられるんだってドイツは不満を言う」

——はははは。ただ、ドイツが引き受けてるのがまさに外交のリアリズムですよね。

「そうですそうです」

——そのリアリズムは、アメリカでは学習されないわけですか？　アメリカの外交当局がそこを学習すれば暴走する無意味さに気付くと思いますけどね。

「学習されないんですね。というか、むしろ『ドイツが協力しないって言ったら、もう守ってやらないぞって言えばいい。そうすればドイツ人もリアリズムに目覚めて、守ってください、と懇願してくるだろう』と考えてますね。これは韓国や日本に対しても出てきたでしょ？」

――ええ。

「『反米世論なんてのが出てきたら、いつでも兵隊引き揚げてやる。そしたら困るのはおまえたちだ。おれたちは困らない。アメリカの血でおまえたちを守ってやってるんだ』って。守ってやるやつが場所貸しの対価、つまりショバ代をとるわけで、もうヤクザと顧客の関係と同じですね。頼んで守ってもらったわけじゃないのに、高いお金をとられる……ま、みかじめ料ですね」

――(笑)アメリカはヤクザの親分ですか。でもドイツはイラクでまたアフガンと同じことをやられたらたまんないっていうんで、国連でひたすらイラク攻撃には反対してますよね？

「ドイツもフランスもそうですね。でも2国ともみかじめ料を要求する相手に対して、文句を言うだけの力がないわけですよ。アメリカの経済

■反米世論が出たらいつでも駐留をやめる　たとえばフィリピンの議会が米軍基地撤廃を求めたとき、交渉にあたったアーミテージは〈求められなければいつでも兵力を引き上げる〉と公言した。日米同盟も例外ではない。アメリカは日本を守るが、日本はアメリカの防衛にはそれほど役に立たないという不均衡を抱えていたために、冷戦終結後には、日本がアメリカに対して日本防衛に関わり続けるよう懇願するという図式が続いた。（藤原）

援助や軍事援助に頼る度合いが高いほど文句は言えなくなる。だからこそ、東ヨーロッパの新興国やスペイン、イタリアは、イラク派兵への世論の反発は強いのに、政府はとりあえずアメリカ寄りになって派兵するわけです」

善意の悲劇

――そもそもアメリカの考えるポスト・フセインの絵って、いったいどういう絵なんですか？

「民主化」

――民主化って具体的には？

「ブッシュは演説で『これが中東の民主化の始まりだ。アメリカはアメリカ人の生命を守る義務と、世界の抑圧された人々を解放する義務を負っているんだ』って言っていて、その始まりということです。トーマス・

フリードマンも『中東世界は民主主義と無縁だったけれど、市民の政府がいったんできれば、イラクから中東に広がる。サウジアラビアもエジプトも王族の支配なんてなくなるだろう』と言っている。これまでは石油が欲しかったから、フセインとかサウジの王様とかいった独裁者や専制君主とも取引をしてきたけれど、もうそんな汚れた談合はしないで、しっかり民主主義を実現し、あるべき国際関係をとり結ぼうって。

でも、王族の支配が長続きするかどうかは僕もわかりませんけれども、イラク攻撃の短期的な効果はまったく正反対だと思いますよ」

――テレビでもおっしゃってますね。

「ええ。むしろ安定を壊します。戦争後のイラクの新政権は今よりもっとイスラム寄りになります、フセインに対抗するグループはそれしかないですから。で、アメリカの影響力の下で新政権を作るけれども、その政権は使い捨てにされる。これ、去年、アフガニスタンのゲリラをアメリカが使い捨てにしたのと同じでしょ?」

■トーマス・フリードマン
ニューヨーク・タイムズの有名コラムニスト。『レクサスとオリーブの木』(草思社)、『フラット化する世界』(日本経済新聞社)においてグローバル化の福音を説いている。

――そうですね、うん。

「本当にこんなことをやって、どうするんだろう」

パウエルは気の毒なくらい

――国連では大量破壊兵器をめぐって、パウエル国務長官とフランスのドビルパン外相が対決してましたよね。パウエルは変な航空写真を持ち出して、大量破壊兵器がいつ飛んでくるかわからない、あぶないから今、潰すのだ、と言ってますけれども、あれはどうなんですか。

「パウエル、気の毒なくらいでした。本人が自分の言ってることを信じてないんだもの。イラクが大量破壊兵器を開発したって証拠は、どれも不十分もいいところで、アメリカの国務長官が国連安全保障理事会でとり上げてるのが信じられないほどです。しかも、これまでは確かにフセイン政権は国連の査察を拒んだりいろいろ画策してきたんですけど、今度はこれまでになくオープンに査察に応じてるわけですよ。その査察も終わらないうちから大量破壊兵器の証拠が見つかったなんて言っても説得力はない」

——パウエルは本当は戦争をしたくないっていう話もありますよね。

「パウエルはブッシュ政権でも異色の存在ですね。お父さんのブッシュ政権のときも、イラクとの戦争に躊躇していました。パウエルはあのときも同盟国との協力が必要だと言った。今回もおそらく戦争には消極的な立場でしょう。でも、国務長官ですから大統領の指示に逆らうことはできない。大統領と副大統領がこんなにやりたがってる戦争を止めることはできないんでしょうね」

〈有志連合〉の異常さ

——ただ、アメリカが彼らの民主主義でもって世界をうまく回せるくらい、本当に強大ならまだいいですけど、藤原さんはアメリカの終わりの始まり、ということを言われてましたよね。それでもポスト冷戦構造の中で軍事力が突出しているがために最強の国家になっている——。

「ええ、そうですね」

——となると、この先が非常に不安なんですが。

「これから少し変わるかも知れませんが、今の時点では、アメリカは国連から孤立していってますよね。ブッシュは『国連が動かないなら各国有志で行動する』と強気なことを言ってますけれども、これは政策としてはまったくの間違いです。

有志連合なんか組んでも、派兵はするけれども、それはアメリカとの関係性を壊したくないから、という国しか集まらない。要するに、米軍が戦ってくれて、米軍がフセイン政権を倒してくれて、それに外交的配慮から支援を与えるという程度の有志連合なんですよ。イラク情勢が悪化して自国の兵士が次々に死ぬようなことになれば、すぐ撤退の準備を

■有志連合軍　複数の国による国際的地域介入には、たとえば①カンボジアPKOのように国連安保理の議決によって設立された平和維持活動、②ユーゴスラビア爆撃でのNATOなど、既存の同盟をもとにした活動、③国連の議決を基礎として結成された多国籍軍（湾岸戦争）など、さまざまな形がある。イラクでの有志連合は、参加国への制度的な拘束は乏しく、各国政府の自発的な意志に頼るため、参加もしやすいが、撤退も容易という特徴がある（藤原）。他の問題点は5章参照。

始めるでしょうし、そうしないと世論が黙ってませんから政権が保たない。

アメリカと最後まで協力する可能性があるのはせいぜいイギリスでしょうね。ドイツやフランスのようなヨーロッパ主要国は強く反発する。つまりEUに対するアメリカの影響力がどんどん減るでしょう。冷戦が終わってヨーロッパでは米軍に頼る必要が薄れましたから、アメリカから離れていくわけです」

――ほう。

「東欧だってダメです。アメリカがカネを払わなくなったら関係性が切れます。それから中東のサウジアラビアとかエジプトとか、アメリカがこれまで一生懸命に相手の言い分を立ててきた諸国が全部猛反発してる。イラクと戦争するってことは中東を敵に回すってことです。

で、アジアはと言うと、『日本はアメリカべったりだ』って言いますけど、僕は必ずしもそう思わない。シラクみたいに声高に『君たちは間違ってる！』とは言わないけど、面従腹背ですよね」

――はははは。

「『はい』とは言うけどやる気が心からあるわけではない。特に今は、北朝鮮に対してのアメリカの政策がはっきりしないので、北朝鮮の危機がどんどん広がってしまった。客観的に見れば、イラク情勢よりも北朝鮮の核開発の方がずっと深刻な国際危機だし、日本との関わりも深いのに、そっちは後回しにされたわけです。そこへの反発は外務省からも政界からも、とても激しい。

それに中国もロシアも、北朝鮮問題でアメリカがリーダーシップを発揮しなかった事実をよく見てる。だとすれば、自分たちがやらなきゃいけないって考えて、アメリカからどんどん離れていく。ブッシュ政権が路線変更をしない限り、残念ながらこのパターンが続くでしょうね」

■イラクと北朝鮮

悪の枢軸演説ではイラク、イランと並べられたが、ブッシュが北朝鮮への具体的な政策を示すことはなかった。ブッシュのスピーチライターであり、ネオコンサーヴァティヴの一人とされるデビッド・フラムは、演説の原案には北朝鮮が入っていなかったと言う。アメリカがイラク戦争を準備していた02年末には、北朝鮮は核開発を再開し、核不拡散体制から離脱した。だが、イラク戦争直前の記者会見でも、ブッシュは、北朝鮮は地域の問題に過ぎないと述べた。（藤原）

〈帝国〉アメリカは外交がヘタ

――そうすると、今、アメリカが〈帝国〉と呼ばれていますが、実はアメリカの孤立化が進んでいるということですか？

「そうです。アメリカは帝国と呼んでいいと思うけれども、ただ、これまで直接支配をしない、という特徴があったんですね。植民地支配をするわけじゃなくて、国際政治の枠のなかで、インフォーマルに権力を行使する間接的な支配だったわけです。でもブッシュは直接的な権力行使を訴えてるわけで、それによってこの枠組みを壊してるんです。

外交の手順としても、バカだと思いますよ。ほんと言うと、ドイツもフランスもそんなに力があるわけじゃないんです。イラク問題について対案なんか出せるはずがない。それを見極めて、ドイツやフランスの主張を受け入れた安保理主導のイラク政策を提出し、『ほら、やっぱりおれたちアメリカについてくるしかないだろう?』と出れば、結局は〈各国がしぶしぶアメリカについてくる〉っていう構図を作ることができた。でもブッシュは勝つことしか考えてないから、安保理での妥協を嫌って、最初に『おれたちは単独でやる』なんて言ってしまった。そのたびに敵を増やしてるわけです。

　これはアメリカ内部でも憂慮されています。国防次官補をやったハーバード大のジョセフ・ナイやジョージタウン大のアイケンベリーといった、間違っても反体制派とは言えない国際政治学者でさえ、『ブッシュの政策はアメリカを孤立化させて弱くするからやめてくれ』と叫んでるわけです」

——とすると、第二のセプテンバー・イレブンが起きて、アメリカが孤立と自分たちの終わりの始まりを自覚するところまで追いこまれないと事態は変わらないんですかね。

「いや、ズルズルいくんだろうと思います。テロ組織はなくならなくて

■ジョセフ・ナイ
　37年生まれの国際政治学者の大御所。現在、ハーバード大学特別功労教授。カーター政権で国務次官補、クリントン政権で国防次官補。04年には、日本で人気の概念「ソフト・パワー」を提唱する『ソフト・パワー——21世紀国際政治を制する見えざる力』(日本経済新聞社)を刊行した。

■ジョン・アイケンベリー
　54年生まれ。国際政治学者。現在はプリンストン大学教授。世界戦争終結期への注目や帝国概念の再考など、国際政治の分析が藤原帰一の議論と驚くほど似ている。個人的にも友人だが、どちらがどちらを真似したという関係はなく、「発想の仕方が似てるんだよね」というのが藤原談。

もテロ事件の成功って難しいですから。セプテンバー・イレブンって、そんなに起こるものじゃないですよ。小規模なテロ事件は頻発するだろうし、アメリカと他国の対立も何回も起こってくるだろうし。世界が地域単位に割れていくんだろうと思います」

アメリカの分裂

――ブッシュの支持率は異常に高いですが、2月半ばの世界的な反戦デーのとき、アメリカでも反戦デモをやってましたよね。共和党政権が倒れて、政策が変わる可能性はあるんでしょうか。

「共和党政権崩壊の前にアメリカ社会が分裂すると思います。

リベラルの退潮はこの20年、ずーっと続いてきたんです。アメリカでリベラルと言うと、日本の福祉国家政策にあたる経済政策のことですよね。民主党は南部の政党ですから、南部の経済開発を進めて、その後は

■小規模なテロ事件の頻発

実際に04〜05年にはバリ島・レストラン連続爆破事件をはじめ、トルコ、エジプトなどで、「欧米関連施設」(ホテルや大使館など)が爆破テロのターゲットとなった。被害者が多かったテロとしてはスペイン・マドリードの列車爆破テロ(04年)、ロンドンの地下鉄・バス連続爆破事件(05年)がある。

福祉国家みたいな政策（ニューディール政策）をして、移民や黒人みたいな貧困層や新参者をサポートしてきた。これはだいたいケネディからジョンソン大統領の頃まで続いたんです。

でもそれが先ほども申し上げたように、80年代、レーガン大統領の頃に逆転しました。移民とか黒人を優遇する〈大きな政府〉じゃなくて、白人中心で、金持ちが元気に金持ちでいられるような〈小さい政府〉にしようっていう揺り戻しが起きた。保守層が台頭してきたわけですね。

ただ、今はもう保守も行くところまで行ってしまっている。国内では医療福祉や年金改革がほったらかしなのに、富裕層向けの減税は強行する。ブッシュ政権を支えてたのは要するに同時多発テロ事件後の、戦時は大統領の下に結集しなくちゃという国民団結の思いだったわけですが、別にアルカイダともセプテンバー・イレブンとも関係ない、つまりやる必要のない戦争をイラクでやろうってわけで、国内の反発は強まるでしょう。だからアメリカが割れてくると思います。もともと2000年の大統領選挙（ブッシュ対ゴア）で、民主党と共和党は正確に半々になってました。これからは民主党にもっと流れると思います。問題はいつ割れるかなんです。さっさと割れてくれればいいんですけど(笑)」

――ははははは。

「まあ、最終的にはそうなります。アメリカの国際的な孤立は、戦争が進めば進むほどひどくなりますから。イラク戦争後の復興に関する国際協力は、アフガン戦争に比べてもはるかに難しいと思いますよ」

――とすると、ほんとにアメリカがいちばんアマチュアに見えますよね。

「もう暴走ですね。結局、他国と協力しなくても単独で戦争できるっていう力を持ってしまうと、どれほど甘い判断に流れるかってことなんですよ」

――〈正義の戦争〉でバラける世界

——じゃあ、本当に世界はまさにバラけようとしてるんですかね。

「今現れている傾向はそうですね。それからアメリカがトラブルメーカーになっていくと思います」

——今でも十分トラブルメーカーじゃないですか(笑)。

「うん、これ以上のトラブルメーカーになってくると思う。アメリカ以外の国がアメリカの言うことを聞かなくなると思う。日本ではアメリカのことを『ドラえもん』での〝ジャイアン〟にたとえますよね?」

——ええ。

「アメリカ人から見た自己イメージは逆で、アメリカが〝ドラえもん〟なんです。ドラえもんがいなかったらのび太くんはやっていけない。みんながドラえもんのポケットに寄りかかっている。いつもおれたちばっかり頼りにしやがってって、アメリカ人は思っているんです。でも外から見れば彼らはジャイアンですよね。聞きたくもない歌を聞かされるわけ。アメリカから見れば世界のためにアメリカが不幸になってて、世界から見ればアメリカのために世界が不幸になってる。この巨大なギャップはさらに広がるでしょうね」

――そう考えるとアメリカって元気なのも迷惑だし、元気がなさ過ぎるのも迷惑だし。ほんとに国際政治って、藤原先生の話聞くたんびに……。

「はい、難しいですよ(笑)」

――難しいし、いいんだか悪いんだか、って感じですよね。やっぱり僕は世の中はいい方に変わっていくとか、世界はそれなりに進歩しているとか思いたいわけですよ。

「国際政治って言うと国際協調とか国際社会の理想とか、きれいごとが並ぶときもありますけれど、実は非常に地味な世界ですよね。平和だからって、暮らしが良くなるわけでも人生に希望が見えるわけでもない。ただ『戦争がなくて、ああよかった』っていう世界なんですよ。

場合によっては談合でもいいから、とにかく切った張ったを避けるという、地味な作業なんです。軍隊で脅せば戦争がなくなる、なんていうスッキリした話でもない。政治の目標や理想というのはそのさらに先にあるものでしょうね。つまり国際政治学者の仕事はドブさらいみたいなもんなんです」

——ははははは。

「だから僕たちは一生懸命、このドブさらいをしてるのに〈正義の戦争〉とかいう、わけのわからない理屈で切って捨てられると、混乱が増えるだけなんで、困ってしまうんですよ(笑)」

04

勝利宣言——戦争に勝ってもアメリカは負け続ける
2003年5月21日

戦闘開始からたった一ヵ月半で、ブッシュ大統領は勝利を宣言した。バグダッドはあっという間に陥落し、フセイン政権はあっけなく倒れた。アメリカ兵の犠牲者は2ヵ月間で「たった137人」だった。イラクでは反米行動は起こったものの、この時点では小規模にとどまっていた。イギリスのブレア首相は「有志連合」の中ではいちはやく、大量破壊兵器の有無をめぐって政治家生命を危機にさらしつつあったが、以下のインタヴューでも読みとれるように、この時点では「(大義はともかく)アメリカは勝った。戦争は終わった」という認識がメディアの多数派を占めていた。

現在の私たちはこの楽観論が現実によってあっさりと覆されたことを知っている。以下の状況分析は、イラク開戦を支えた強烈な楽観主義、

あるいは反戦派陣営が採用しがちだった無闇な悲観論のどちらにも属していない。現実を丁寧に見ることのお手本のような分析だ。

戦争ははっきり逆効果

――ブッシュ大統領がイラク戦争で「勝利」を宣言しました。まず、イラク攻撃というのは結局何だったのか、からうかがいたいんですが。

「アメリカが戦争したかったらどんなに理由が間違っていようと、ほかの国が反対しようと、戦争できちゃうし、勝ててしまう、ということが示された戦争でした。アメリカに逆らった国は、それだけで潰される可能性が出てくる。身も蓋もない話ですけど、それが今回の露骨な教訓ですね。今のアメリカはその教訓をできる限り使おうとしていて、『イラクみたいになりたくないだろう』ってシリアなりを脅してるわけですよね。

また、アメリカに協力しなかった落とし前として、たとえばシュレー

■イギリスでの「戦争の大義」問題
戦争前、英ブレア政権は「イラクは45分以内に大量破壊兵器を実戦配備できる」と発表していた。だが、03年5月、BBCは、これはブレア政権の報道官が情報の原本に「色をつけろ」と国防省に注文した結果だった、と情報操作疑惑を報じた。官邸が全面否定するなかで、BBCの報道の情報源になったとされる科学者ケリー博士が自殺。この事件の真相究明にあたった調査委員会ではブレア首相も証言をした。ブレアは反戦派に「ブッシュのプードル」と批判され、支持率はこの頃から著しく低下し始める。

■ブッシュの勝利宣言
03年5月1日。正確には「大規模戦闘作戦の終了」だが、事実上、勝利宣言であった。

ダー（独首相）はパウエル国務長官との会談で3分しか時間を割いてもらえなかった。ウチの言うことを聞かないやつとはもう会わないって」

――藤原さんは戦争の前から、フセイン政権を倒したところで、その後イスラム原理主義的な勢力が台頭し、ごちゃごちゃになるだけ、と予想されてましたよね。で、現実にそうなっていて、アメリカは戦争に勝ったはいいんですけれども、別にイラクは平和になってませんよね。やってることめちゃくちゃじゃんと思うんですけどね。

「ほころびが沢山あるんですよね。正規軍を倒すという意味では戦争に勝っても、イラクの今後には展望が失われ、逆にアメリカに不利な状態ができてしまった。

何度かお話ししましたが、そもそもテロリストを一掃するのは難しいわけです、自爆してでも頑張る人たちですから。抑えようとすると、むしろ逆効果になっちゃう。

もうひとつ今回の戦争がはっきり間違ってるのは、対テロ政策と言い

■テロリスト一掃の困難さ
1章など参照。

ながら、逆のことをしてるからです。テロを抑えるには安定した政府を作ることが必要なんです。今は、逆にイラクをテロが生まれても不思議はない国にしようとしている。フセイン大統領は独裁者でしたが、イスラムを正面に掲げる指導者ではなかった。この世俗的な独裁者を倒した後で、急進的なイスラムが力を伸ばす余地を作っちゃったんです。

権力が不安定になっているし、アメリカ人に家族が殺されたとか、これまで以上に反米感情を持つグループが私人として大規模な暴力を起こす。その方向に行く可能性が今、できちゃってるんです」

イスラエル・石油・軍需産業

——戦争をしても事態は悪化するだけだということはヨーロッパ各国でも言われていて、イギリス以外はそっぽを向きました。そのなかでアメリカは空爆に踏み切った。ブッシュ政権はなぜ、あそこまでしなければいけなかったんですかね。

「ブッシュにとってはフセイン政権を倒すための戦争だった、これは戦争前にも申し上げましたよね。大量破壊兵器とか何とかは後からつけた理屈で、武力行使を避けられないほどの危機があるのかも疑わしい。フセイン打倒のために戦争をする、という決定が先にありました。大きな動機はイスラエルの安定とそのための中東の民主化です。

ここで言ってる民主化というのは、アメリカから見ていかにも民主主義に見える統治のあり方であって、選挙で選ばれてもアメリカにたてつくようなら民主化じゃないわけ。民主主義と、アメリカにとって脅威にならない政府、このふたつが同じものにされてるんです。中東の各地にアメリカにとっても、イスラエルにとっても、そして中東に住む人々一般にとっても安全な政府を作ると」

――そうやってイスラエル問題がアメリカの行動の裏に出てくるっていうのは、よく言うユダヤ・ロビーの暗躍がやっぱりあるんですか。

「イスラエルと一心同体の感覚は日本から見ると理解しにくいですけど、アメリカ人の比較的保守的なクリスチャンとかユダヤ教徒から見ると、イスラエルはいわばアメリカと地続きの国なんですよ。飛び地というんでしょうか。アメリカ人と同じ考え方をし、同じ暮らしをしている人たちがテロリストに包囲されている、この状態を打開するには周りの政府を変えるしかないって考えるんですよね。未開の人々の手から文明を救い、未開の人々を未開から救うっていう、リベラルなコロニアリズム（植民地主義）です。あとはもちろん利権の問題、石油がありますけど、それよりも、今言ったイデオロギーの方が優先されてるところが今回の面倒なところだと思います」

――その石油ってのはどうなんですかね。ブッシュの一族が石油産業で儲けてるからその利権狙いだっていう。

「アメリカの石油産業がイラクに関心を持ってるのは間違いないですよ。膨大な埋蔵量を持つ、世界有数の産油国なのに、石油メジャーの管理の外にあるわけですからね。イラクに経済制裁をしていたときは石油が入ってこないし、経済制裁が部分解除された後は、アメリカじゃなくてフランスやロシアに石油が流れていった。ブッシュ一族だけが潤うのかどうかはちょっと怪しいですが、イラクの原油が手に入るのはやはり石油産業にとって魅力的でしょう。

ただね、それでは石油のためにこの戦争を始めたとは言えない。中東の原油に依存している国と言えば何よりも日本でしょう。アメリカの中東原油への依存度は決して高くない。また、石油産業は儲かるかも知れないけど、アメリカの国家経済全体から見れば、戦争終結後の復興需要を見こんだところで、決してプラスにはならないでしょう。軍事費だって、部隊の駐留が長引くとバカになりませんしね。アメリカ経済全体にとってこの戦争が必要だったなんてことにはなりません。

ブッシュ政権は大統領と議会の両方を共和党が支配しているので、議会対策も大して必要ないし、それだけに政権を牛耳る少数の意見に左右されやすいのは事実です。まあ、石油で富を築いたブッシュ一族とか、ハリバートンの経営に深く関わったチェイニー副大統領とかいった人たちが個人的に戦争で潤う可能性は否定できない。でも、それだけでこの戦争を説明するのは無理があるでしょうね」

――軍需産業を儲けさせるためにっていう陰謀論的なのも流れてますが。

「軍需産業にとって、今いちばん収入源になるのは、イラクとの戦争みたいなものではなくて、ミサイル防衛計画です。一体に攻撃よりも防衛の方がお金がかかるものなんですが、ミサイル防衛を進めようとすれば巨大な設備投資が必要になりますから、これは企業にとって実においしい。でも、イラクみたいに、大してハイテク兵器なんか持ってない国を相手にする戦争は、正規軍の戦争だけで言えば短期間で終わっちゃうし、そんなにおいしくないんですよ。

もちろんね、軍需産業は政府の支出に依存する、いわば公共事業みたいなものですから、戦争が儲けのチャンス、っていうことはあります。

■ハリバートン社
チェイニー副大統領がかつてCEOであった石油関連・建設企業。本拠地はテキサス。イラクの戦後復興事業で大量受注を受けた。当初チェイニーは否定していたが、04年春、タイム誌がチェイニーの受注への関与を報道。

また、狭い意味の軍需産業ばかりじゃなくて、戦後の復興需要も含めて膨大な政府支出が見こまれるわけで、これで潤う企業はハリバートンをはじめとして沢山あるでしょう。でもね、これだけで戦争を理解するのはちょっとわかりやす過ぎるでしょう」

国民自身が大本営発表を待っている

——今、ブッシュ政権の背後にネオコンというのがいる、その連中が民主主義の帝国化を狙っているという、非常にマンガっぽいイメージが報道されてますが、でもアメリカがネオコンと保守的な愛国主義者ばっかりになったわけじゃないですよね。反対意見はどうして聞こえてこなくなっちゃうんですかね。

「簡単に言えば、メディアの統制が徹底してるんです。去年（2002年）の夏、戦争の半年前に、国軍のかなりの部分とジャーナリストと民主党がほとんど同時に反イラクで立ち上がったんです。軍人は『この戦争は軍事的におかしい、ラムズフェルドみたいにイッちゃった人たちの指図で戦争に行きたくない』って言い出して、それがニューヨーク・タイムズとかワシントン・ポストに載る。民主党の政治家がこの記事を使って、ブッシュを叩く。国務省でもイラク戦に反対する人はずいぶんいたようですし、ジャーナリストも『実は……（反対だ）』って言う人が沢山いました。だけど、ここでブッシュに睨まれたら何されるかわかんないって言うんですよね」

――それはマジでヤバい状況ですね。

「ひどいですよ。ブッシュ政権のメディア担当カール・ローブはブッシュをテキサス州の知事にするときにも手伝ってるんです。対立候補は、現役州知事のアン・リチャーズ、民主党だったんですが、ローブは、そこで彼女がレズビアンだって根拠のない噂を流したりした」

――アメリカってそんなことまでやってるんですか！

「そうなんです。そんなガセネタをラジオのトーク・ショーとか、インターネットで流したりして、対立相手の信用を落とすための選挙戦略をするんです。でも、ローブに接近しないとブッシュ政権の情報がとれないわけですね。ダン・ラザーっていうＣＢＳのアンカーマン――わりに保守的な人ですけれども――が講演会で、ワシントンでこれほど言論の自由を認めない大統領はいなかったって言ってるくらいです」

――メディアが悪い規制緩和をされて、寡占化に進んでいるんだ？

「実はクリントンのときから進んでるんですけど、今はもっとひどくなってます。アメリカのニュース・メディアは3大ネットワークのＡＢＣ、ＮＢＣ、ＣＢＳにニュース専門のＣＮＮっていう構図でした。そこへメディア王のマードックがＦＯＸニュース・チャンネルっていうのを始めた。これはもう、大本営発表ですよね。徹底して政府寄りの報道しかしない。ＦＯＸの標語は〈公平でバランスがとれた(fair and balanced)〉っていうものなんですが、まるでバランスなんかとれてない。リベラル

■メディア王、ルパート・マードック
保守主義者・愛国主義者で知られ、イラク戦ではフォックスばかりか、自分の持つ世界各地の新聞１７５紙すべてで愛国的な戦争肯定論を展開させた。テレビ、新聞、インターネットすべてでリベラル叩きをすることをマードック・ビジネス・モデルと揶揄することもある。日本ではテレビ朝日を買収しようとしたことでも知られる。

攻撃一本槍です。

ただ、政府の検閲とかじゃなくて、国民自身がそれを選んだって面もあるんです。中西部や南部の保守層の人たちは、3大ネットワークは政府に厳し過ぎて、外国に甘過ぎるなんて思ってたんでしょう。これに加えて、ラジオのトークショーでも、ラッシュ・リンボーをはじめとしたリベラル攻撃を得意とする人が人気を集めてます。

そういう反リベラル・メディアを政府が後押ししてるんです。政府はFOXには出るけれども、CNNには出ないとか、情報を流す相手を選んで、メディアの分布図を変えていってます。以前ならこれやると、かえって政府寄りのメディアは人気が下がったものなんですけど、今はそうではなくなった」

――そういう悪い右傾化が進んでいくっていうのは9・11のインパクトがそれだけ巨大だったっていうことなんですかね。

「巨大ですねえ。この前、アメリカに行ったんですけど、まだ街から星

■中西部や南部の保守層の人たち
その詳細は3章参照。

■ラッシュ・リンボー
保守派の人気ラジオDJ。たとえばアブグレイブ収容所での虐待写真について「兵士だってストレス解消したいのは当たり前じゃないか。何が悪いんだ」などコメントした。

条旗が消えてなかったです。もともと星条旗が好きな国だけど、テレビ見てても、細かいところで、誰かが必ず旗を振ってるんですよ。『おれは普通だ、愛国心に背いてないぞ』っていうことをみんなに証明していかないと怪しい人になるような気がするんでしょうね」

――ディキシー・チックスなんて僕らから見ると、非常にアメリカ的なバンドなんですけど、反ブッシュ発言で異常にバッシングされてますよね。アメリカってとんでもないことになってるなと思ったんですけどね。

「60年代の発想とは逆になっちゃったんですね。60年代末からサブ・カルチャーがカウンター・カルチャー（対抗文化）になってアメリカを席巻した。保守の人は60年代的な発想がアメリカを悪くしたって怒っていて、揺り戻しが進んでいく。そういう保守化がほぼ完成したのが94年、共和党が議会をとった頃ですよね。それが9・11で決定的になった。一挙にこれまでの要素が体系化した感じですね」

■ディキシー・チックス
テキサス出身、米カントリー・バンド界ではトップのひとつである女性3人のグループ。ロンドン公演で「アメリカの大統領がテキサスから出たことを恥ずかしく思う」と発言。CDをブルドーザーで壊されるなどの猛反発を受けた。本人たちは一切姿勢を変えず。

戦争に勝って、政治で負けたアメリカ

——ただ、イラクでもアメリカ兵出てけという、反米的な行動が起こってますよね。で、アメリカ国民には報道規制で伝えられてないにしろ、国務省や政権はさすがに真実を知ってるわけですよね。なのに何も考えないんですかね。

「今のところは、フセイン政権を倒した、よかったよかった、ってところでしょう。それに、アメリカが犠牲になるとは限らないんですよ。つまりフセイン政権が倒れた後のイラクがどれほど不安定になったところで、反米政権ができることは今のところはあり得ないですから。傀儡政権かアメリカ直営か、あるいは限りなく傀儡に近い政権になるとしても(笑)、反米政権にはさせないでしょう。アフガニスタンもまったく同じですよね。その意味ではアメリカにとっては脅威ではない。

それにイラク現地の人たちが反米で固まってるとは、僕は思わないですよ。そこに住んでる人たちは自分の置かれた環境をできる限りいいものだと思いこもうとしますから、アメリカのおかげでフセイン政権は倒れた、これから少しは暮らしもよくなるだろうと期待してる人は沢山いると思います。ただ、その期待が裏切られるとどうでしょうね。保身本能と迎合がどこまで続くか、でしょう」

――でもアフガニスタンみたいに放り出せないですよね。

「ええ、アメリカ主導で始まった戦争ですから、アメリカが責任をとるほかはない。まだ、フセイン後の政府が作れてませんからね。5月の末までに作るって言ってたけど作れなかった」

――つまり、アメリカは戦争に勝ったはいいけどマネージメントできてないってことですよね。

「はい、できてない。まるで、できてません」

――ただ壊す、倒すっていう、それだけですよね。

「まあ、アフガニスタンについては希望的な観測も持ってなかったと思いますよ。すごくニヒルな話だけど、タリバンを潰した後でアフガニスタンがどうなるかっていうことにそもそも関心がないんだもん(笑)」

——それ、むちゃくちゃじゃないですか。

「アフガニスタンの人から見れば、むちゃくちゃでしょうね。イラクの方では、逆にアメリカ政府は希望的な観測に走ってるわけで、もう、思いっきり愚かなんですよ。バグダッドにアメリカが入城したら、群衆がアメリカ兵を歓呼で迎えて、デモクラシーができ上がると思ってたんだもん、ほんとに」

——(笑)ほんとにそう思ってたんですか?

「ほんとにそう思ってた。だからやらせとも言われている、フセイン像を倒した映像は彼らにとって大事なんです」

——だけどそういうおめでたい世界観は、もう5秒後に現実によって裏切られてるわけですよ。

「いや、イラクにはまだまだアメリカの兵力がいますから、それを相手に新たに戦争をするのは相当、気合いの入ったテロリストでなければならない。もちろん、今のところは、ですよ。

だけどアフガニスタンは悪くなるでしょうね。アフガニスタンはもともと、イラクに較べて、地方軍閥がいますから、米軍が減れば、群雄割拠で何とか安定しようとする。でもイラクは、サダム・フセインに権力が集中していた分、ほかの権力がないんです。そこへアメリカが入ってきた。で、アメリカは長期間いるつもりはない。混乱するしか道はない。

アメリカは軍事的に勝って政治的には負けてるんです」

――いや、その政治的に負けてるっていう現実を目の前にして、何も感じないのかなアメリカは、と思うんですが。

「でも外国に対する関心そもそもたいしてないし」

――だって外国に攻めてってるじゃないですか！

「アメリカのＴＶニュースって、日本以上にローカル・ニュース中心なんですよね。イラクのニュースなんて、米軍の戦車がパンパカパーンって入ってったあの映像、そしてフセインの銅像が引き倒された映像、その後はイラクなんか映りゃしないんですよ」

――内向きもそこまでくるとひどいもんですねえ。逆に、いつになったらアメリカは自分たちのやり方を変えるんでしょうか。

「変えるのはアメリカが被害を受けてから。米兵の人命次第ですよね。でも今の時点ではベトナム戦争とは比較にならないほど少ない。今は際どいところで、また米兵が死んだり、テロが何回か出てきたりすると――出てきてほしくないんですけどね、人道的な意味でもテロは困るんですけど、テロが頻発すると、変わるでしょうね。ただ、どうなのかな、変わると言っても前非を悔いるってことになるかはわからない。イラクの面倒なんかもう見ないって引いちゃう方向がまずありますし、アメリカからさらに急進的な、超がつく非現実的な中東政策が出てくる可能性だってあります。サウジアラビアとエジプトを敵に回しかねないんです」

■米兵の人命
7章参照。

実は戦争ってそんなに簡単に勝てるもんじゃないんです

――中東自身の状況と対米観はこれからどう変わっていくんですかね。

「政府に関する限りは親米方向が強まると思います。アメリカに何されるかわからないっていう恐怖がありますから、シリアにしても、サウジ、イランもアメリカに逆らったら大変だって政府はビビッている。

ところが世論は逆なんですよね。今の政府が親米になるだろうというブッシュの予測は正しいんです。潰されたらたまりませんからね。でも一般市民が『よし、僕たちも民主主義っていうものが味わえるのかな』と思って、権威的な支配に抵抗する民衆運動を起こして、イラクの真似してサウジアラビアの王政を倒すかと言うと――なりっこないなりっこない。逆、逆(笑)」

――ははははは。

「イラクはもともと中東では独特な存在で、周囲の諸国からそれほど好かれていなかった。それでも、イラクにアメリカが攻めこんだのを手をこまねいて見ていたおれたちの政府は、おれたちの安全だってちゃんと考えていないんじゃないか、ってむしろ民衆からの突き上げは強まっちゃう。アメリカにもっと堂々と物を言え、みたいな方向に動くでしょう」

──となると、中東の情勢は流動化していくわけですよね。それはいやな連想に繋がるんですけど、もう一度アメリカが出て行く？

「そうですね、強気の連想と弱気の連想と2種類考えられますね。強気の方は、よし、そうやって反対する奴が出てきたら、そいつらは敵だからどんどん潰しちまえっていうやり方。アメリカではそれを公言する人もいます。超がつく非現実的なシナリオですね。

ただ、弱気の方が当たると思うんですけども、実は戦争ってそんなに簡単に勝てるもんじゃないんですね、アメリカほど強くても。

今回、英米は90年代ずっとイラクの上空を規制して、対空砲火できないよう拠点を壊してきてましたから、そもそもイラクは非常に弱い国になってたんです。同じことをシリア、サウジやエジプトにもできるわけではない。サウジとかエジプトはアメリカ製の兵器を買ってますから、けっこう性能のいい兵器を持ってますしね。結局、イラクが強い国だから倒したんじゃなくて、戦争をやれば勝てそうだから倒したんですよね。

としますとね、アメリカは強そうな国ではあっても、現実にはいくつも戦争を戦えるわけではない。より正確に言えば、味方の犠牲を最小限にして確実に戦争に勝つ、なんてことはそんなに簡単にできない。前回の湾岸戦争のときも、直後に北朝鮮を脅そうとしましたよね。お父さんブッシュが湾岸戦争で勝ったんだから、金体制は屈服するだろうと考えて強硬策をとった。ところが現実は逆でした。北朝鮮はそれまで以上に軍備拡大に暴走することになっちゃった。

そういう事例がありますから、アメリカが戦争をしかけようとすれば屈服、協力するだろうというシナリオは短期的には当たってますけど、

■ブッシュ(父)の北朝鮮政策
湾岸戦争の直後、ブッシュ(父)政権は北朝鮮の解体が短期間に訪れると判断し、北朝鮮の核開発を強く牽制した。直接の原因は、アメリカが前年に韓国から核兵器を撤去すると表明し、それが北朝鮮が核開発を進める機会となるのを恐れたこと。IAEAが査察を要求すると、北朝鮮はIAEA脱退の意思を表明、核開発を急速に進めてゆく。(藤原)

でも相手国政府はチャンスさえあればむしろ武装化に向かうでしょう、自分の身が危険にさらされますからね」

ヒーローになるテロリスト

――そうすると長期的には中東は民主化するのではなく、これまで以上に緊張関係がどんどん生まれていくということになりますよね。

「そう思います。テロ活動が出てくる可能性もありますしね。イスラム社会の目から見れば、アメリカがこれだけ悪の帝国になると、それに対して一矢を報いるテロリストは英雄と見られちゃうんですよね、ロビンフッドみたいに。僕はテロリズムを英雄視するのほんっとに反対なんです。テロリストっていうのは外に向かって強気の行動をするだけじゃなくて、おれたちが身体張ってるんだから、おまえらも戦えよと、言うこと聞けよって、自分たちの側に対しても徹底して抑圧を敷く、無限の忠誠を要求するんですよ。だからテロに頼ってる社会は実に不幸で、惨めなんです」

――となると、対米緊張も高まり、テロ組織自身も非常に悪い形で強化される。アメリカにとってマイナスが増えるだけですよね。最悪じゃないですか。

「僕は最悪だと思うし、この戦争が起こる前に、慣れないテレビなんかに出て、話をしたりしたのも、これは本当に大きな転換点になると思ったからです。こういう戦争の戦い方って、しちゃいけませんよ。自分たちの安全を保つっていう戦争じゃないんです。戦争で国際秩序を作り替えようとしてるんです、自分の利益のために」

――いやあ、ヤバいですねえ。

「ヤバいんですけどね、もっとヤバいのは、その方針がアメリカのなかで変わるメドが今のところ見えないことです」

外務省には「対米同調は損」という考えもあった

──アメリカに対するマイナスのカードがぞろぞろ並んだんですが、最後に日本です。日本の外務省は今まで話してきた、世界におけるアメリカの相対的な地位低下をちゃんと位置づけているんですか。

「まあ、揺れていたっていうことだと思います。そして今は揺れ方が変な方向に動きつつある。

戦争前に、日本の政府でフランスやドイツのように反戦の論陣を張ることが議論されてたとは思いません。でもアメリカの戦争に賛成するのが本当に有利なのか、イラク戦に同調するのはまずいんじゃないかっていう議論は外務省では実際にあったんです。日本政府がこれまで相手にしてきたのは国務省の官僚で、ネオコンではなかったし、また、アメリカにこれだけ強硬な姿勢をとられると自分たちの外交にとっては不利益

■外務省でも対米同調に反対

たとえば当時の駐レバノン大使、天木直人は小泉首相のイラク戦争支持に反対する意見具申を行っている（のち、実質、免職処分）。『さらば外務省！──私は小泉首相と売国官僚を許さない』（講談社文庫）。

だっていう判断もあった。それにアメリカが一方的に決めて、日本が喜ぶというスタイルが進むと、選択カードを持ってるのはアメリカだけで、日本の外交オプションがゼロになっちゃいます。これも外務省にとっては懸念でしょう。

しかし他面ね、『やっぱりアメリカとの関係が第一だ、今度もガタガタ言わずに勝ち組についていってったら、やっぱり先見の明があった。ざまあみろ、フランス』っていう声もあるわけですよね。戦争が始まった後は、そっちの声の方が大きくなっちゃった。だけど、それで日本に有利な状況ができたのかって訊かれれば、それはよくわからない」

——っていうか絶対違いますよね。

「北朝鮮問題ひとつとっても、状況はむしろ不安定になってますしね。永田町や霞ヶ関では、イラク戦争でアメリカに賛成したから、アメリカは北朝鮮問題で日本の主張を受け入れる、なんていう発想らしいんですね。でもワシントンってとこはそういうふうには動かないですよ。ワシ

■自衛隊派兵と北朝鮮問題のリンケージ
この立場を簡潔に示しているのは、たとえば読売新聞社説・03年3月22日「イラク戦争小泉首相の『米支持』決断は正しい」。日本のこの期待がどうなったかは8章参照。

ントンから見れば、日本がイラク問題で協力するのは当たり前なんだから。だいたい日米同盟を守るためにイラクへの軍事介入を支持するっていう、この議論自体がおかしいんです」

――ねえ。だから日本の外務省が、まあ、アメリカは今はああいうメンタリティだからそれなりにつきあっといて、離れるとこは離れてりゃいいよ、ぐらいな利口さがあればいいんですけども。

「結果的には外務官僚じゃなくて、小泉首相が賛成に踏み切ったんですね。で、それが正解だったっていうことになっちゃった。しかもアメリカが戦争に勝ったからじゃなくて、自分がアメリカの戦勝を後ろ盾に総裁選で争い、それで勝ったら正解っていうわけでしょ。本当に政治業界だけの、狭い意味での正解ですよね。そのために何が何でもアメリカとの協力第一っていう方向に大きく動いていったんです」

――それは誤りだと思うんですが。

「わたしもそう思います」

05

誤算――なぜ戦争は終らないのか

2003年12月3日

サダム・フセインが地下室で「発見」される10日前のインタヴューである。イラクでのアメリカの失態が毎日のように報じられるようになったのはこの頃からだ。広告代理店による戦争美談の捏造が暴かれ、アブグレイブ刑務所での、グアンタナモ収容所での、生々しい虐待映像が世界に配信された。アメリカの国論は1年後に迫る大統領選挙に向けて、真っ二つに割れていく。「連合軍」諸国でも「占領政策の失敗」と「大量破壊兵器の有無」という言葉が国政を揺るがし始めた。一方、イラクでは次第に治安が悪化、強盗や反米テロなどが多発し、その被害者リストに日本人外交官2名も加えられることになる。この外交官殺害事件の10日後、小泉首相は自衛隊のイラク派兵を決定した。

ここでは「戦争が解禁された世界」の真の意味、そこに日本が参加す

ることの意味が問いかけられている。私たちはここで提示された厳しい問いに本当の意味で向き合い、また答えたと言えるのだろうか。

日本人外交官襲撃事件

――イラクで日本人外交官が襲撃される事件が起こりました。藤原さんはイラク戦の前から、この戦争はやってはいけないし、ロクな結果を招かない、イラクに平和な民主主義国家ができるわけもなく、ヘタすれば内戦状態になっちまうよと強く主張されていましたよね。まさにその通りに治安が悪化するなかで、日本人が犠牲になってしまって。

「大変イヤな言い方になってしまうんですが、やっぱり『だから言ったのに』としか言いようがない。亡くなられたおふたりの外交官は、本当にお気の毒です。また、犠牲者に向けた小泉首相の追悼の言葉が通り一遍だったので落胆しました。小泉さんは、政府の責任者として、このふ

■外交官襲撃事件
03年11月29日、奥克彦参事官と井ノ上正盛書記官がイラク国内を移動中、襲撃、殺害された。

■小泉首相の追悼
たとえば「ご家族の方には、直接お電話し、心からお見舞いを申し上げました。言うべき言葉も見つかりませんでした。政府としてできるだけのことをしていきます」「日本政府として、おふたりの死を乗り越えて、イラクに安定した民主政権を作るために、国際社会と協力して取り組んでまいります」など。

たりの生命に責任があるわけですよ。自分の指示で紛争地域に赴いた人々の死を受け止める言葉としては、いかにも軽く、責任感を感じさせない。最高指導者の器ではないと思いました。

『テロの前に屈してはならない』、それはその通りです。でも、兵隊を送るだけでは屈するも何も、問題を解決できない。イラクに派兵すればイラクが安全な社会に向かうのか、その仕組みができているのかどうかが問題なんです。なのに、そのいちばん大事な問題を横に置いたまま派兵を決めてます。最悪のシナリオは、派兵して自衛隊員は亡くなるのにイラクの状況は好転しないということです」

そもそも戦争は不必要だったんです

――イギリスでもイラクの大量破壊兵器の危険性を政府がでっちあげていたと言って、大騒ぎになってますよね。あの戦争が何だったのか、い

■イギリス政府の大量破壊兵器の危険でっちあげ事件
4章註参照。

まだに謎なんですけどね。

「そもそも必要な戦争ではなかったんです。大量破壊兵器も、イラクはテロ組織の中心だとかいう理屈も、戦争の前から十分な根拠がないとは言われていました。大量破壊兵器が脅威として当時いちばん懸念されてたのはむしろイランだったし、北朝鮮が再開発する可能性があった。イラクは開発の可能性がないわけじゃないけれど、証拠なしっていう状態でした。それからテロ組織との関係ではアルカイダと関係があるとおぼしい国は実に沢山あってですね、サウジアラビア、エジプト、シリア、イラン、それに東南アジアでもフィリピンのアブサヤブ、インドネシアのジャマ・イスラミーアっていう具合に、もうずらずらある。でもイラクは入ってなかったんですよ。最初は、ＣＩＡの報告書にはイラクって入ってなかった」

――そうなんですか、へえー。

「そんなバカな、フセインはテロと繋がってるはずだ、化学兵器だって持ってるはずだ、もっと情報を集めろって、チェイニー副大統領はCIAの本部までわざわざ出向いて圧力をかけたんですね。それでCIA長官のテネットは妥協して、結局『その可能性も無視できない』とかいう言葉を混ぜて大統領のご機嫌をとる報告書を出したんです」

――となると、あの戦争に正当性は微塵もなかったってことになっちゃうわけですか。

「ないでしょうね。侵略の脅威が迫っている、相手はいつ攻めてくるかわからないってことだったら、戦争もやむを得ないという議論にもなるでしょう。でも、イラクは具体的にどこかを侵略したわけじゃないし、将来する可能性だって怪しかった。差し迫った危険があるときは先制攻撃を行う必要があるっていうのがブッシュ大統領の戦略、ブッシュ・ドクトリンですね。こういう予防戦争までを自衛行動に含めた議論は、もうそれだけで現在の国際法における戦争概念と真っ向からぶつかるものですが、イラクの場合、その予防戦争の必要さえ疑わしかった。

■CIAの報告書
03年1月作成の報告書『イラクのテロ支援』。その焦点は①イラクが生物化学兵器を含む大量破壊兵器を保持しているか、②それをアルカイダに供給しようとしたか、の2点。報告書は明確な結論は得られないと結論している。だが、02年10月の上院向け報告は、アルカイダとフセイン政権は過去10年以上にわたって接触しており、またアメリカがイラク攻撃をすればイラクは生物化学兵器で対抗する可能性が高いと指摘している。その根拠は、CIAが捕捉したアルカイダの活動家アル・リビによる告白で、アルカイダはイラクから生物化学兵器を獲得すべく特使を派遣したという内容。国防省もCIAも当時から、この告白の信憑性には疑問それに百歩譲って——譲る必要は全然ないんですが——戦争の正当性を別にしたとしても、どういう制度、枠組みで戦争をやるのか、という問題があります。国連を追い出して、しかも同盟国とやるでもなく、『この指止まれ』って〈デモクラシーのコアリション（連合）〉とかいうわけのわからないやり方でやっちゃった。

国際関係から戦争を廃絶することは難しい。だけどその戦争を限定的に抑えようと、これまでいろいろな制限を設けてきたわけですよ。そういう、17世紀（三十年戦争）から冷戦までの間に次第に作られてきた、戦争を認めつつ制限を加える仕組み、いわば戦争を飼いならしてきたような制度を、この戦争ひとつで破っちゃったんです。脅威が実在するのかどうかってことばかりでなく、その脅威に立ち向かう戦争の制度的な正当性もないわけです。

それと事後的な正当性もないんです。今、イラク国民がフセイン政権が打倒されたことを喜んでるというのは本当でしょうが、それはイラク

を呈していた。この後、チェイニー副大統領はCIAの誤った情報のために戦争に向かわされた、と指摘している。（藤原）

■**ブッシュ・ドクトリン**
ブッシュ・ドクトリンが正式に表明されたのは02年9月、国家安全保障戦略（NSS）である。その原型としては9・11テロ事件の直後のウォルフォウィッツ国防副長官による〈テロを支援する国家を終わらせなければいけない〉という発言、ブッシュの「悪の枢軸」演説での〈危険が拡大するまで待つことはしない。世界のいちばん危険な体制がアメリカの安全を脅かすことを許さない〉など。予防戦争と、相手の政府を打倒する体制転換の戦争が同列に扱われている。（藤原）

国民がアメリカを支持してるってことではありません。彼らはフセインのもとでも一生懸命我慢してきた。そしてイラクの専門家たちが言ってる通り、戦争中も『戦争は天災みたいなもので我慢してれば過ぎ去る』と思って耐えた。その後、お金持ちのアメリカが来たんだから暮らしもよくなるだろうと期待した。ところが、よくならないどころか、治安も暮らしも悪くなっちゃった」

アメリカの手抜き

——イラクに行ってみたらフセインが倒されて現地の人は喜んでたよ、とか日本の大臣が言ってますが、そういう問題じゃないだろうと。あれがOKなら、政情不安でロクでもない国は全部、爆弾落として倒せばいいってことになっちゃう。世界史的に見てこういう戦争のやり方というのは、どうなんですかね。

■有志連合
この特異性については3章参照。

■戦争を飼いならしてきた制度
表の制度としては国連の安保理の討議により、戦争を抑止し、もし起こっても拡大しないように抑える制度。冷戦期における、力の均衡と抑止戦略を基礎とした集団安全保障では国連の役割は低く抑えられているが、冷戦終結とともに国連を基礎とする集団安全保障の模索もあった。（藤原）

「国際関係の安定を壊しちゃった事件ですね。民主化のための戦争とか、ずいぶん大げさな目的を掲げてましたけれど、結果としては、そこにあった政府を壊して、無政府状態を作っただけでしょ？　で、無政府状態に対してアメリカは責任をとる意志がない、また責任はとろうとしたところで、たぶんとれないでしょう。

平和維持活動をするときに大事なのは各国がこの国の復興に協力するよっていう枠組みを作って長期間コミットすることですけど、ヘリコプター何機か落とされたらすぐ引いちゃうっていうんじゃそれもあり得ない。もう、徹底して無責任ですね」

――藤原さんは、イラクで単独行動をとると、アメリカの孤立化は強まるんじゃないかって、戦争の前からおっしゃってましたね。

「事実そうなったと考えています。アメリカが実際に戦争をはじめたらあれだけ批判してたドイツやフランスも態度を変える、なんて観測がありましたけど、そうなってないでしょう？

さらに、アメリカの単独行動は国際政治全体の遠心力の拡大と不安定化を招いたと思います。その意味でも失敗した政策ですよね。

それからイラクみたいに国際的発言力が小さくて、コンマ以下のように扱われてしまう国には、これだけ手抜きの政策もやっちゃうんだなあと。アメリカもこんなにずさんな戦争を戦って、こんなにずさんな占領をするのかっていうのが今回の僕の感想です」

今、やっているのは責任の押しつけ合い

――今のアメリカはまさにイケイケどんどんですが、藤原さんは以前、イランや北朝鮮で第二のイラク戦はできないとおっしゃってましたよね。そこは変わらないですか。

「ええ、アメリカは当分もう一回戦争はできないと思いますよ。イラク情勢が安定するまでは、少なくとも10万の兵力はイラクに置いておかな

くちゃいけない。1年くらいで駐留兵力を入れ替えていきますから、これはかなりの負担です。すると別の地域に大兵力を送るなんてことはできない。イラクで手間取っているのに、もうひとつ危機が起こってアメリカが出なくちゃいけなくなるっていうのがブッシュにとっていちばん恐ろしい事態でしょう」

――ということはイラク戦の後、構造が少し変わったっていうことですかね。

「変わりましたね、ええ。ブッシュは戦勝宣言をしましたけれど、現地の司令官が『この戦争は本当はまだ終わってない』って言っちゃいましたからね。米兵がこれからもっと死ぬと思います」

――これだけ米兵の犠牲が続くと、アメリカ自身も考え方を修正せざるを得ないんじゃないですか。

「今、責任のなすりつけ合いをやってるんですね。おそらくこの作戦を主導した人物のひとり、国防副長官のウォルフォウィッツは立ち直るの

■この戦争は本当はまだ終わってない
比較的早い事例としてマッキャナン司令官「戦争は終っていない。我々は戦闘地域にいるのだ」(03年5月、勝利宣言後1ヵ月で)。05年以後はブッシュ大統領を筆頭に多くの政府高官が認めている。

■アメリカ兵の犠牲者
勝利宣言後、月平均30～40人だった犠牲者は11月に入って反米テロの激増により月平均80人に増加。このインタヴューの時点で、開戦以来、合計で約440人が死亡(国防総省発表)。米兵犠牲者数は7章の註も参照のこと。

■ウォルフォウィッツは立ち直れない
ブッシュ政権の2期目で更迭され、世界銀行総裁に就任。07年5月には愛人関係であっ

は難しいでしょう。で、ラムズフェルド国防長官とライス大統領補佐官の力関係は大きく変わった。ラムズフェルドが責任を負わされる側になってきました。
　ただ、ふたり生き残りがいるんですね。まずチェイニー副大統領。この人はネオコンと言われるなかでも、イデオロギー色がもっとも少ない。ほとんど新たな帝国主義みたいに力関係だけで考える人ですが、彼はいまだに強い。あと報道官カール・ローブ。ジャーナリストはブッシュ大統領の政権に擦り寄らなければ情報ももらえない仕組みを作った人ですね。このふたりがいる間は政策の大きな転換が起こるとまでは言えないと思います」

――ただ世界的な世論でもアメリカは孤立してますよね。

「国際世論が今ほど反米的だったことはないんじゃないかっていうくらいですよね。でも、アメリカの国内世論がすぐ変わるかは微妙です。世論がこの戦争の犯罪性に本当に向き合うかって考えると、僕は向き合わ

た世銀職員を独断で昇給させたことが発覚、スキャンダルとなった。8章参照。

■ラムズフェルド国防長官
　アフガニスタン、イラクでの強硬ぶりで軍の制服組からも批判されていた。このインタヴューの3年後、06年11月の選挙の共和党大敗を機に辞任した。ライスはブッシュ政権2期目から国務長官に就任。

ないんじゃないかと思う。むしろ、ほかの国が協力してくれなかったから単独でフセインを倒すことになった、そのせいでアメリカが苦労している。手助けしてくれないんならアメリカは引いちゃった方がいいっていう、そういう孤立主義に戻ってく可能性もあります。最初から国連を入れてやればよかったじゃんとは考えない。

ふたつめには――ベトナム戦争のときにも見られましたけど――イラク人は結局デモクラシーを作る力と資格がないんだ、あの人たちに期待したのが間違いだった、外国のわけのわかんない人たちとの協力なんかやめようって言い出すかも知れない。

ふたつとも米政府への批判ではあるんだけど、戦争の正当性そのものを問うヨーロッパとかの反米・反イラク戦の議論とはズレてますよね。でも、この戦争を手がかりに次の大統領選でブッシュが圧勝っていうシナリオはもうはっきり壊れました。ブッシュが再選される可能性はあるけれど、戦争に勝った大統領っていう信用を支えにブッシュが勝つとい

■ブッシュは戦争に勝った大統領にはなれない
実際にこの11ヵ月後、04年の大統領選でブッシュが勝利したが、民主党ケリーと大接戦に追いつめられた。ブッシュの得票率は51%。ブッシュ＝5945万票、ケリー＝5594万票。

うシナリオはなくなった」

——今のアメリカはすっかり腰が引けちゃってますけど、でもイラクにはアメリカの代わりを担う主体ってないですよね。

「ないんです。ないからアメリカは軍事的に撤退できないんです。国連に丸投げしようったって、ほかの国は『アメリカが勝手に始めた戦争の尻拭いを何でおれたちがするんだ』って思ってるわけですね。フランス、ドイツは参加していない。国連ベースでもアメリカに協力しようとする国はどんどん減っている。実際、国連は今、イラクから撤退してる最中ですからね。その状態ではイラクに政府を作りたくても受け皿がない。後はどうなっても構わない、国連が引いた後のアフガンみたいになっても構わないと考えて引くんだったら、それはそれでひとつの選択です。無政府状態はもっとひどくなるけれどアメリカは責任を負わされることがなくなる。でも、それはできないでしょう、戦争に負けたことをはっきり認めることになりますから」

■国連は今、イラクから撤退してる最中
03年8月、バグダッドのホテルが爆破され、国連の現地代表を含む20名以上が死亡、国連の外国人スタッフはバグダッドを撤収した。

——となるとアメリカは泥沼に漬かったまま右にも左にも行けずに、一日一日少～しずつ沼に沈んでいくという状況が続いていくんですかね。

「現状はそうですねえ」

自衛隊派遣——「イラク大変じゃん、可哀相じゃん」？

——となると、これ、戦争は終ったっていう状態じゃないですよね。そこに「非戦闘地域だから」とかって出ていこうとしている日本の自衛隊ってのはどういうことなんですかね。

「どういうことなんですかねえ」

——日本ではその原則論の議論が全然出てこないですよね。小泉首相があの戦争を肯定したときに、民主党が「文明国家で今、そんなことを言っているのは日本だけだ」って突っこんで、あれ、本当に名言だったと思うんですよね。イギリスだとブレアの支持なんて地に落ちようとして

■そこに出ていく自衛隊
　このインタヴューの1週間後、03年12月9日に小泉政権はイラク特措法に則り、自衛隊派遣の基本計画を決定した。目的は「人道復興支援と安全確保支援」。

■日本の民主党の立場
　イラク開戦時、民主党・岡田党首は「この戦争に大義はない」という立場をとった。

るのに、日本政府ではまったく不問に付されてますよね。これはなんなんですかね。

「まず、日本の方はたぶん正義とか理念で協力したんじゃないと思いますよ。レトリックはともかくとして、日本政府はデモクラシーには大して関心がないですから(笑)。アメリカの軍事力で世界は収まってるんだから、アメリカに協力する以外の選択肢はないって考え方ですよね、これがひとつめ。

でもね、結果的には、アメリカが脅せば世界が安定するわけでもないっていうことがこの事件でわかったと思います。中東各国はアメリカを恐れてアメリカに協力するはずだったんですが、今ではサウジアラビアもエジプトもアメリカから離れていく方向に向かってる。北朝鮮も暴走してますよね。脅せばなんとか収まるっていうのは現実的に聞こえて、非現実的な思いこみだった。

ふたつめに、日米安保の時代には、アメリカは中国及び旧ソ連に対抗するために日本が必要だった。だけど今はアメリカはそこまで日本を重視していない。だとすればアメリカに日本を守ってもらうためには、何が何でも協力するしかないっていう判断ですよね。これはリアリズムと言うよりは追従なんだけど、特に北朝鮮問題との関連で叫ばれました。イラクから日本を守るんじゃなくて、日米同盟を守るために兵隊送るわけです。でも、前にも言いましたけど、イラクでアメリカに協力したところで、アメリカが北朝鮮政策を変えてくれるなんてこと、ありませんよ」

——だから原則を見極めないで、話をすり替えてるように見えるんですよね。だってイラク大変じゃん、復興必要じゃん、自衛隊出さないと可哀相じゃんって。

「そういう、イラクに治安の危険があるから自衛隊が行って復興協力すべきだっていう議論は、現在のイラクには政府が存在しないという事実から目を背けてるんですね。アメリカは統治に失敗して、出口を探しはじめている。そして国連はどんどん撤退を進めている。でも現状を変え

■自衛隊派兵と北朝鮮問題のディール
4章、8章参照

ない限り、派兵しても混乱は終わらない。復興を可能にするような統治の仕組みも作らないで、自衛隊が行けばイラクの暮らしがよくなるっていうのは、もう、思いっきり、幻想です。

結局、今回の自衛隊派兵は対米公約の問題なんです。年内に自衛隊を派兵するという約束を守らなかったとアメリカに突っこまれるのがイヤだから派兵する。イラクの運命じゃなくて対米関係で動いてるんですね。そしてイラク人のことは考えてない。兵隊じゃないイラク市民の死者は少なくとも7千人以上と推計されてます。イラクの兵隊はもっと死んでいるけど、いずれ一般市民の死者がそれを上回ることになるでしょうね。今、僕がわからないのは日本社会は自衛隊員が死んだときにどう反応するだろうかっていうこと」

――ただ、世論は反応するんじゃないですか。

「すると思いますけどね。この意味のない戦争と、その後の意味のない政府の手伝いで自衛隊員に仮に何かがあったとき、そのことに誰も怒らなかったら、日本で政治学者する気がなくなるなあ」

〈大人〉に見られたかった日本の論壇

——本当に戦争の正当性も自衛隊の必要性も議論されないままの、なし崩し的な自衛隊派兵ですけど、これはもうしょうがないんですかね。

「しょうがなくないですよ(笑)。それを問う人がいなかったら政治の争点にならないですよね。しょうがなくないんですが——」

——というか、どうして誰も検証しようとしないんですかね、野党も新聞も。

「いい質問ですけど、どうしてでしょうね。政治業界の常識と世論はたぶん違うと思うんですけど、政治業界だと、まず、北朝鮮の危機がある以上、米軍と協力しないと日本も安全を保てない。そのアメリカがカネと兵隊を寄こせと言っている。断ったらアメリカに何をされるかわからない、やるしかないじゃん――これが常識になってるわけですね。で、この常識を共有している民主党の議員が自民党とやり合うわけだから議論になるわけないいんですね」

――だからその政治業界というのがですね、新聞の政治部の記者も含めて、『おれたちはプロなんだから、戦闘の正当性とかなんとかそんな青臭い学生みたいな議論してねえで、現実に起こっていることの対処を考えろよ、そうしないとこの国もあぶないよ』って言い方をしますよね。でも原則がブレてるせいでこの不幸が起きてるわけで、その現実を検証しない限り、オペレーションもできないはずでしょう。それこそ自分たちの国の平和も国民の安全も守れないじゃないかと思うんですよ。それを言うのが新聞や論壇の仕事だと思うんですけれども、どうして誰もそこの青臭い原則を問わないのか、不思議なんですけどね。

「それが日本の〈現実主義〉っていうことなんでしょう。今はこれしか選択がない、それがわかってないのは素人、プロの我々はわかってるっていう考え方ですよね。だからやる、ということは決まってる。『現在ほど日米関係がうまくいっている時代はない』っていうフレーズが今、頻繁に出ますけど、それを守るのが第一原則であって、それ以外の選択肢はないって考えてるんですよね。これは現実主義じゃなくて、ただの割り切りなんですけどね」

――っていうかすごいニヒリズムですよね。だからすっごい危険だと思うんですよ。なんで、みんな、政治業界村にはまりたがるんですかね。

「まあ、考えなくていいからラクって言えばラクですからね」

――いやあ、ラクじゃないでしょう(笑)。

「ただ、誰が責任をとるのかな、と思いますけどね」

――ですよねえ。だから日本も大人になろう！とか言いますけど、現実にアメリカがイラクでやってることは幼稚でずさんだっていうことはもう証明されたじゃないですか。

「希望的な観測で自分を騙してるのかもしれないですね(笑)。ネオコンなんてのは一部で、〈本当のアメリカ〉である国務省とか国防総省はちゃんと考えてるはずだ、とかいう議論もありましたから。確かにアメリカにはちゃんと考えてる人もいるし、信用できる情報もあるんです。問題は政府首脳がそれを排除して戦争してるという現実なんです。そういう意味での現実は見ないんです。

それからフランスやドイツは力が弱いから、今は逆らっていても、最後には対米関係改善のためにアメリカ詣でを始めるよっていう議論もあった。でもそうなってませんよね」

——フランスもドイツもアメリカをぼろくそ言ってるだけですよね。あと、日本の場合、何でもいいから軍隊を出したくて仕方ない人たちもいるのかな、と思うんですね。だから追従外交と役人のお粗末な現実主義っていうのと、それを後押しするすごく幼稚なナショナリズムという3点セットで、すごくヤバイなあと思うんですけどね。

「ドライなことを言えば、イスラム教徒によるテロへの恐怖はヨーロッパでもアメリカでも高いですよね。でも日本では自分たちが狙われるっていうリアリティを感じてないんでしょう。自分たちと同じ人間が――こう言うと、まさに書生談義と言われてしまうんだけど――千、場所によっては万の単位で死んでるっていうことを見たくないし、その場所が中東やアフリカなら見ないですむ。だから、純粋な国内政治問題としての派兵であって、イラクの現実なんて関係ないんですよね。一国平和主義が一国軍国主義にぐるっと変わって、今はほとんど教条的な軍事信仰になっていて、具体的な状況分析がないんですよ」

――あと、日本でもイラク戦争に反対する世論はあるわけですよ。でも国内政治でその受け皿がない。民主党は何をやってるんだという。

「民主党は、憲法改正問題では党内が割れるにしても、派兵反対では本来、まとまれるはずなんですけどね。今イラクがどうなってるのか、米軍主導の占領統治では最低限の治安さえ確保できてないんじゃないか、って事実に即して考えていけば、アメリカのここまで愚かな政策に反対するのはちっとも難しくないんですよ。でも日本だと、昔ながらの安保か憲法かっていう図式をそのままイラクにも当てはめてしまうんですね。それで民主党は、共産党や社民党と一緒にされないよう、〈大人〉に見られたくなっている。でも軍隊なしで日本を守れるのかっていう議論と、イラクを復興するにはどうすればいいのかっていう問題は、全然別のものなんですけどね」

ゲリラ戦に弱いアメリカ軍

——暗澹たる気持ちになってきたんですけど。この先どうなるんですかね。

「まあ、まだまだ悪くなりますから、これくらいで暗澹としても仕方ありません。

戦後のイラクには前からふたつの可能性がありました。まず、いったん戦後政権が倒れた後、旧政権の残党が抵抗するっていうのがひとつ。このシナリオで、旧政権の残党だけを相手にするのならば、相手の武器調達を切って、鎮火できる。むしろ問題は、これまで政府を担ってきた人たちを追放すると、新しい政府を作るのが難しくなってしまうことです。第二次大戦後の占領だと、ドイツでも日本でも旧政権の残党を取りこみましたね。これをしないと占領のコストが高くなり過ぎるんですよ。

ふたつめは、無政府状態になって、新たな武装組織が生まれたり、周りからいろんな組織が入りこんで、これまでにない新しい紛争が拡大するというシナリオ。実は、旧政権の残党を相手に戦うよりも、こちらの方が紛争が拡大しますし、長期化する。

それで今は、この両方が起こってしまった。バース党とイラク軍を新政権から追放したために、旧勢力が反政府活動を進めることになった。他方では新政権が脆弱で、まさに無政府状態が生まれてしまう。対応できない混乱を作っちゃったんですよ。

米軍は強いんだから抵抗なんて心配ない、という人はゲリラ戦を知らない人です。もともと、ゲリラ戦では相手に勝つ必要はないんです。常に相手を攻撃できる状態を保って、いつも誰かが殺されてるという状態をずっと続け、負けなければいいんです。アメリカが強気の作戦に出たときは静かにして、また時を見て活動を再開すればいい。そうなると治安は乱れるし、政府の信用もさらに低下して、アメリカの統治を受け入れていた人も離れていく。そんな消耗戦が続き、混乱が高まればアメリカは統治の主体からは引こうとするでしょう。ところが軍隊を引くことができない。代わりの軍隊を送ってくれる国は前よりも減るでしょうし、引けば負けが決まりますから引きようがない。ベトナムで10年かかって生まれた泥沼が、たった半年あまりでイラクに訪れたわけです。

それからイラクの混乱が中東の他の地域にも波及します。アメリカってけっこう弱いんだ、失敗するんだっていうことになると、アメリカに対抗する急進的な組織が広がってしまう。しかも要《かなめ》となるはずのパレスチナで、ロードマップ政策が惨めな失敗に終わって、アメリカは投げ出したままでしょ？　こうなると中東諸国ばかりじゃなくて中東の一般世論も含めて、戦争に勝ったはずのアメリカの影響力はかえって下がってしまいます。ブッシュはここでも失敗したんです。

そしてアメリカへの求心力は衰えるんだけどほかに代わりはないですからね、ヨーロッパやアジア各国は手出ししないでしょう。イスラエルはイスラエルで、安全のためには武闘路線しかないっていう武装化を加速する。アメリカは反テロ戦争っていうのをさらに広げることになってしまう」

正しいイラクの戦後復興策

――まさにテロリストを一掃しようとして、反テロの永久戦争を始めてしまったという。本来はイラク復興はどうすればよかったんですかね。

「まず統治の主体を変えることですよね。イラク人の安定した政府がすぐできるって考えるのは幻想だと思います。ベトナム戦争のときは、アメリカでは有名だけど、南ベトナムでは無名のゴ・ディン・ジエムを首相(後、大統領)に送りこんで惨めな失敗をしたわけですが、今回のイラク作戦でもチャラビ（イラク国民会議代表）に頼って失敗してしまった。亡命者に頼っても占領統治はできないんですよ。

もうひとつの方法は旧フセイン政権時代のスタッフを大量に雇って、ミニ・フセイン政権を作っていくことですが、それだと何で戦争をしたのかわからない(笑)。それに占領当初にバース党員と旧イラク国軍兵士を政府から追放してしまった。もうこの方法も使えないですよね。

出口は国連しかないでしょう。その土地の人たちの力では安定した統治を作れないとき、国連などを通して外から政府を作ることを暫定的領域管理と言います。今のイラクは国連の暫定統治が必要なケースそのものです。

■ゴ・ディン・ジエム
7章の註参照。

■チャラビ
イラク政府元副首相。アメリカ育ちでシカゴ大学で学位を得た後にヨルダンなどで政治活動を行う。湾岸戦争後はアメリカで対イラク介入を求める活動を続け、移動式生物兵器など信憑性が疑わしい情報をアメリカ政府に提供。今回のイラク介入後はイラクに戻って副首相に就任。だがイランにも情報提供していたことが発覚、ブッシュ政権の信用を失った。05年12月のイラク総選挙で落選。

そのためには、アメリカ単独とか有志連合とかじゃなくて、安保理で議決をとって、イラクに長期的に関与し続けることを各国が約束する土台を作ったうえで進めるほかはない。一国でやると、軍事的に入っていった国のせいで犠牲者が出て、世論が反発したら、すぐ撤退するでしょ？それじゃあ長期的コミットメントはできない。だから各国協力なんです。

それでフセインの政府とも違うし、また圧政でもないってことを明確に示して、しかし治安についてはガッチリ取り組まなくちゃいけない。安定した暮らし、治安の回復と物資の供給を保証して、その土地の人から信頼されることが第一です。占領でいちばん大事なことは、占領統治がその土地の住民から信頼されることなんですよ。悪いやつを断つことじゃない。そこの前提が、今、まったく間違っている。

これを作るのは確かに時間がかかるし、本当を言うと、ここまで荒れちゃったところをすぐ修復できるとは僕は思わないです。紛争の峠を越えるまで待つっていう残酷な選択もあるかも知れない。今の国連だけではこの状況に関与する力はないですから。

　だから日本が何かするとすれば兵隊を送るよりも先に、イラクの復興を可能とする統治の仕組み作りに関与すること、つまりイラクにおける暫定的領域管理のために主導権を握ることです。イヤがってるドイツやフランスを連れてきて、トルコやインドもコミットできるような、国連によるイラク暫定統治の仕組みを作ることが日本の役割でしょう」

――なるほど。ただ、実状を見ていると、そんなに簡単に行くのかと悲観的にもなってしまいますね。

「でも、今ダーッと並べたのは理想論じゃなくて、実は紛争地域への関与では常に繰り返されてきた、教科書通りのことなんですよ。日本はほかのところ、たとえばカンボジアでもアンゴラでもPKOに関与して、成果も上げている。日本は紛争地域への関与では成果を上げてきた国に入ると僕は思います。今回は、そのときのやり方をすべて投げ捨てちゃって、アメリカが決定したから兵隊を送るだけってなってる。それが間違いだと思います」

――ということは、政府は〈大人の一員〉としての役割を果たすために自衛隊派遣をするというロジックを言ってますが、実は今までやってたオペレーションの方がずっと大人だった。それを全部放棄して、幼稚なことをやってしまってるわけですね。

「おっしゃる通りですね。日本は大国ですし、国連でもそれなりの信用があるんですよ。でも今回のことで我々の政策の信用も落とすし、さらにほかの国からも信用を失うんじゃないでしょうか」

補章

日本人人質事件――「国際化」できなかった日本人

2004年5月7日

2004年4月8日、アルジャジーラ放送に「君たちの軍隊を撤退させなければ、3人を生きたまま焼き殺し、兵士のエサにする。決断時間は3日だ」という声明とともに、拘束された日本人3名の映像が放映された。1週間後、イスラム聖職者協会の仲介で、3人は解放された。この頃からイラクは無法地帯の様相を見せ始めた。連合軍とイラク警察が日々、攻撃され、政府高官が暗殺された。各国からのジャーナリスト、傭兵、NGOなどが無差別に拉致、殺害された。犯人は連合軍撤兵を求めるテロ組織のこともあれば、暴漢の場合もあった。殺害の様子を撮影した残酷なビデオがインターネットで世界に流れた。

ただし、日本では人質事件はこの大きな文脈とは違う形で論じられ、ここで示唆されているように日本社会に大きな課題と傷跡を残した。そ

の課題、そして傷跡を、私たちは克服できているのだろうか。

――日本では人質になった人たちについて、議員が「反日的分子」とすら言ってますよね。でも、なぜ人質事件が起きたのか、イラク戦全体のなかでどういう位置づけなのか、その見取り図を見ないと話ができないと思うんですよ。

「人質事件には背景があります。だいたい2004年3月末から4月いっぱいにかけて、アメリカの占領統治が一気に壊れたんです。アメリカがサドル派の新聞の発刊を停止したので、それに怒って反米活動が広がっていった。イラクが泥沼になっていくのを前に、占領軍はどの国も逃げてっちゃう。その後、アメリカに協力して新たに軍隊を送ったのは日本だけでした。もはやアメリカだけでやってくしかないってときに起こったのがファルージャ事件だったんです。

これはまず、ファルージャという町でアメリカの民間人4名が殺され

■反日的分子
自民党の柏村武昭・参院議員が4月26日の参院決算委員会で「人質のなかには自衛隊のイラク派遣に公然と反対していた人もいるらしい。そんな反政府、反日的分子のために血税を用いることは強烈な違和感、不快感を持たざるを得ない」と発言。

■サドル派
シーア派のなかでも急進的な武装勢力。詳しくは7章参照。

■ファルージャ事件
ファルージャはフセイン支持者が多く、反米意識も高いとされる町。04年3月31日、ここで米民間軍事会社の警備員、いわゆる「傭兵」4人が惨殺された。アメリカは1週間後に町を土堤で封鎖したうえで1ヵ月あまりの空

て、遺体を焼かれて、橋に吊るされたんですね。その残虐な映像がアメリカで流れて、アメリカは対抗して強攻策に出ました。ファルージャを軍事包囲して、F16などで空爆した。

でも都市を空爆すれば反米感情も高まります。破壊された町をテレビで見たイラク人にとっては、アメリカは解放軍どころか無法な占領軍にしか見えない。相手がこんなことをするんだったら、こっちだって何をやってもいいって考える人が出てくる。人質事件が急増したのはこのファルージャ包囲事件の後なんです。

ですから、長期的には占領統治の失敗、短期的にはファルージャ包囲に対する抵抗として生まれた事件ということになります」

——要するにイラクの対米感情やアメリカの同盟軍に対する認識の転換がここ数ヵ月で起こった。その文脈のなかで人質事件が頻発した。そこでアメリカ側の日本人も被害者になったっていうことですよね。

「そうです、バグダッドから見れば、日本は占領軍の片割れ以外の何者

襲を開始。米海兵隊の死者は約100名、イラクの民間人犠牲者数はその6〜7倍と言われる。アラブ世界ではこの事件は「ファルージャ無差別虐殺」と呼ばれ、大きく報道された。ファルージャはその後も米軍の空襲の標的となった。

お手数ですが
50円切手を
お貼りください

post card

150-8569

東京都渋谷区桜丘町20-1
渋谷インフォスタワー19F
(株)ロッキング・オン
『戦争解禁／藤原帰一』愛読者カード係 行

氏名		男 女
住所 〒	職業	年齢

あなたのご意見を小社の出版広告やホームページ等に
□掲載してもよい
□掲載しないでほしい
□匿名なら掲載してもよい

■本書についてのご意見、ご感想をお聞かせ下さい

rockin'on

ご購入ありがとうございます。
今後の出版の参考に致しますので、下記のアンケートへのご協力をお願い致します。
なお、お答えいただいたデータは編集資料以外には使用致しません。

■本書購入日(　　　　年　　　月　　　日)

■本書購入書店名(市町村名　　　　　　　　　　　　書店名　　　　　　)

■本書をお求めになった動機は?　(複数回答可)
□著者・藤原帰一に興味があるから
□書店で実物を見て
□小社のホームページを見て
□小社の自社広告を見て:雑誌名(　　　　　　　　　　　　)
□書評・記事などを見て:媒体名(　　　　　　　　　　　　)
□知人の勧めで
□その他(　　　　　　　　　　　　)

■小社刊行の書籍・雑誌をご存知ですか?
□知らない
□知っているが、購入したことはない
□購入したことがある:書籍・雑誌名(　　　　　　　　　　　　)
□毎号購入している:雑誌名(　　　　　　　　　　　　)

■あなたのよく読む雑誌は何ですか?

■最近読んで面白かった本は?

■あなたが今最も興味ある人物/事柄は?

■今後小社からどのような出版物を希望しますか?

ご協力ありがとうございました。なお、抽選で10名の方に2000円分の図書カードをプレゼントいたします。当選は発送をもってかえさせていただきます。

でもないですから。だけど日本では日本人の人質事件だけを切り離して報道して、誰が人質になったかだけに目を向けちゃったんです。それでイラク統治の失敗じゃなくて、のこのこイラクに出かけて行った人たちが悪いっていう、すごく単純で抽象的な議論になってしまった。

そうじゃないんですよ。アメリカのファルージャ包囲と占領統治の失敗があってこそ、人質事件が頻発したんです。人質になっているのも日本人だけではない。そこを解決しない限り、出口はないんです」

――そもそも大量破壊兵器はありません、アルカイダとフセインの関係もありませんって、前提はすべて壊れてきてるわけですよね。なのに日本ではそれは一切検証されないで、依然として机上の空論でやってるから、人質事件みたいに本当の現実を突きつけられると、何が起きてるか把握できなくて「自己責任だ」って、とんでもない国内的な抽象論になっちゃうんじゃないかと思うんですけどね。

「そう、今イラク問題は小泉政権には追い風になってますよね。外務省

■フセインとビン・ラディンの繋がり
開戦理由のひとつで、たとえばチェイニー副大統領は、ふたりの繋がりの証拠は「ギョッとするほど」ある、と発言していた。中東専門家の間では疑問視されていたが、04年に9・11独立調査委員会が「このふたりの協力関係を示唆する証拠はない」と発表した。

の職員が殺されたことすら自衛隊派兵の追い風になりました。人質が捕まったことはNGOに対する不信と反発と偏見は招いても、自衛隊に対する不信、反発、偏見はまるで出てないですよね？　今はむしろ『だからこそ自衛隊が必要だ』っていう議論でしょう。こうなる理屈は僕はよくわかんないんだけど」

――それはやっぱり〈人道支援のための自衛隊〉っていう議論が最初からウソだからだと思うんですよね。みんなぼんやりと「ウソだよなあ」と思いながら、「でも日本はアメリカについてく以外しょうがないじゃん」って思ってる。保守層の「この機会に自衛隊を出さなきゃ」という黒い思惑もある。それ全部を人道支援という美辞麗句で実行してしまってるんじゃないですかね。だから人道支援という抽象論が出てきちゃうというか。

「ええ。本当は人道復興支援ってNGOとの協力なしにはできないんです。紛争地域に入るんだから軍事の専門家が必要なんだけど、復興協力ではＮＧＯの方が専門家なんですよ。だから、自衛隊が人道復興支援の専門組織であるかのような議論はまるで成り立たない。でも、みんなそれを信じちゃう。アメリカ人がイラク戦争は必要だ、と信じこんだのを僕ら日本人は笑えないと思いますよ。こんなフィクションを信じちゃったんですから」

——ですよね。それでこういう事件が起きると、あいつらは自作自演だとか、家族が謝ってないとかいうワイドショーレベルの感情論で、物事を矮小化していってしまう。

「そうですそうです」

——非常に情けないですよね。そもそも国というのは、その国民を守るためにあるわけですよ。その機能を万全に果たせなければ、それはただ単に国の性能が悪いだけじゃないですか。政府は当たり前の仕事をできてないのに「おまえの自己責任だ」って何事かと思うんですけどね。

「人質の人たちへの反発が起こったのは、家族が撤兵を要求したときからなんですよね。ここで彼らに期待された行動は『皆様にご迷惑をおかけして申し訳ない。政府の皆さんの努力をただひたすらお願いする』っていうものだったんでしょうね。政府の政策について云々するのは分をわきまえない行動だ、と。

ニューヨーク・タイムズは、ここをついて、これが日本のお上の概念だ——ローマ字でokamiって書いてましたけど（笑）——お上に逆らってはいけないという日本人の心性が表れたものだって書いてました。日本に対する偏見丸出しの記事でイヤでしたけど、正直、否定できなかった。『その通りじゃん！』っていう（笑）」

——はははは。2ちゃんねるなんて、三馬鹿大将という言葉でバッシングの嵐が吹き荒れてて。なんで日本人はこんな残酷なメンタリティになっちゃったんだろうなあと。

「人質たちは〈自分たちとは違うやつら〉なんですよ。NGOに関わっている人には確かに心に傷を負ったような人もいます。自分の生命が犠

■なんで日本人はこんなメンタリティに

この事件でのパウエル国務長官のコメントは「危険地帯に入る時は誰でも危険を覚悟しなければならない。だが、そうしたリスクを負おうとする人がいなければ、私たちは進歩できないし、世界を前進させることもできない。私はこの3人が危険を冒してでも、より善き目的のために行動したことを嬉しく思う。日本のみなさんはこうした仲間がいることを誇りに思うべきだ」

性になるかもしれないところに行って人を助け、生きがいを見つけ、自分の傷を癒す。そういうものでもあります。でも、そのどこがいけないんですか。まして、その人たちにレッテルを貼って指弾するというメンタリティは、僕には理解できない」

――「だってあいつら本当はどんなやつかわかんないよ」って言うけどどんなやつだっていいじゃないですか、別に（笑）。

「レイプ被害者を非難するのと同じ議論になってしまうんですよね。議論が全部、状況に流されてるんです。戦争が始まるときは、イラクは悪い政府だからアメリカは攻撃していいとか、これはアメリカとの協力じゃなくて国際協力なんだとか、外務省は言い張りました。でも本当は、アメリカが戦争するのを止めようがないからついてくしかないって話です。で、占領統治が行き詰まると、今度はアメリカだけで支えられなくなってるから、我々が協力すべきだって議論になる。そして現在、ここまで状況が悪化すると、だからこそアメリカにがんばってもらわなくちゃってことになる。

これはしかし全部、倒錯した議論でしょう。やる必要がなかった戦争によって混乱が生まれたっていう単純なことを見据えてないんです。

アメリカも今、どんどん〈他者〉の排除を進めています。でもこれはアメリカにとって自殺行為なんですよ。外国もアメリカのことを信用しなくなりますからね。人質事件の報道を見ていると、アメリカと違った形ですけど、日本でも他者の排除が進んでるみたいです。これだとアメリカと一緒に、日本も孤立してしまいますよね」

06 イスラムの理屈とどう向き合うか

2006年2月7日

中東のイスラム回帰が進んでいる。マホメット風刺画事件でのプロテスト行動の激しさはイスラム圏外を動揺させた。パレスチナ選挙では過激派ハマスが圧勝、イランでは原理主義の大統領が公然と核開発を進めている。我々はこれから「イスラムの理屈」とどう向き合っていけばいいのか。

以下の分析は風刺画事件の混乱のさなかで提示されたものだ。「イスラム急進派」はなぜ今、これほどの存在感を示し始めたのか、その行動のロジックと交渉のポイントなど、現在の中東をよりクリアに読み解く鍵が並んでいる。いまや諦めの常套句となった「憎悪の連鎖」を断ち切るセラピー政策も提案していただいた。

イスラム返りは進歩か後退か

――ここにきてイスラム急進派の力が目立ってますよね。パレスチナの選挙で過激派ハマスが圧勝して、イランのアフマディネジャドは「核、持ってやるぞ」と挑発していて。それからマホメット風刺画事件では、ヨーロッパの大使館が放火されているという。この一連の流れはやはり9・11からイラク戦争の反動なんでしょうか。

「いいえ、実は9・11の前からの長期的なトレンドなんです。選挙があって世論の発言の機会が出てくると、必ずと言っていいほど急進的なイスラムや宗教勢力が前面に出てくる。これは軍政崩壊後のインドネシアやパキスタンでは前から指摘されてたんです。インドでは84年頃からヒンドゥー急進派の勢力が伸びて、今は政権を握ってます。パキスタンのムシャラフ大統領は国軍、つまり軍人で、アメリカとか外国政府からはそ

■**パレスチナの選挙でハマス圧勝**
06年1月26日の選挙で第一党になった。

■**イランの核開発**
05年に大統領に当選した保守強硬派のアフマディネジャド大統領が、この頃、核開発と挑発的な姿勢を繰り返していた。

■**マホメット風刺画事件**
マホメットを「イスラム系は暴力的」と茶化した風刺マンガが最初にデンマークで発表されたのは05年秋。だが世界的に反発されたのは半年後の06年1月、ノルウェーでの再掲載時である。1月20日にリビアがデンマーク大使館を閉鎖。当のデンマーク紙は謝罪したが、その後、アラブ諸国、東南アジア、アフリカで抗議デモやデンマーク製品のボイコット、デンマーク領事館への

れなりに信任されてますけど、国内ではイスラム急進派に地位を脅かされている。イランでも穏健派が選挙では退潮して、05年にはアフマディネジャドが大統領になった。それからパレスチナでも、自治に限界があるとはいえ、ともかく選挙をやったら、『イスラエルを排除したい』という意志ではＰＬＯ（パレスチナ解放機構）と比較にならない極端な政治組織ハマスが勝ってしまった。イラクの議会選挙も、シーア派がスンニー派が、という報道ばかりですが、あれはホントは宗教色の弱い世俗政党が大敗北を喫したというのが重要なんです。

　だから中東地域で、選挙みたいに世論が表に出てくる場面では、急進的なイスラムが台頭するという現象が無視できない規模で広がってるんだろうと思います。面倒くさいのは、これ、民主化とはちょっと違うんです。民主主義になったというすっきりした出口ではないし、独裁者が世論を動員してるわけでもない」

――普通は民主主義は資本主義とセットで考えられてて、都市を中心に

放火事件などが続いた。

■宗教政党の台頭トレンド

　総選挙のたびに、インドではヒンドゥー急進派、パキスタンではイスラム急進派が伸びることになった。インドでは84年の黄金寺院破壊事件からヒンドゥー急進派勢力（インド国民党）が、パキスタン国内のイスラム急進派もそれまで以上に台頭した。政教分離を国家原則とするトルコも福祉党というイスラム政党が政権をとる寸前まで支持された。

近代化すると、迷信とか宗教とか非科学的なものを信じなくなる、これが普遍的な経済発展・社会発展だと言われてきたわけですよね。しかも、共産主義が撤退した冷戦後は、市場経済と民主主義がセットになって、これで世界は完成するのだ、とそういう言われ方をしたわけですよね。

「ええ、ええ」

――ロシアもそうなりつつあるのに、その理屈が全然通用しない場所があるってことなんでしょうか。

「いや、そこはそんなに簡単じゃないですね。つまり、民主化が通用しない場所があるっていう問題じゃない。パキスタンも、イランも、むしろ政治が世論に解放されて、民主化に向かえば向かうほど、宗教勢力の影響力も高まっている。ゆるやかに民主化に向かっていっても宗教は後退してないんです。それに、宗教とか古い考え方に囚われた人は田舎にいて、都市のミドルクラスはそうじゃない、という考え方も間違いでしょう。トルコ、エジプト、インドネシアの世論調査を見ると、都市部に

■近代化すると迷信を信じなくなる
これが幻想なのは足元の日本を見ればわかる。

■市場経済と民主主義で世界は完成する
代表的な議論がフランシス・フクヤマ『歴史の終わり』(三笠書房)。ネオコン思想を補強した。ただし本人は最近ネオコン批判に宗旨替えし、『アメリカの終わり』(講談社)を論じている。

おけるイスラム信仰が強まっているんですよ」

——へえ。

「しかも教育水準も高く、所得が高い階層において、宗教的な心情が強く表明されている。確かに、外から見ればイスラム教は迷信だとか、古くさい考えに見えるかも知れない。しかし当事者にとっては自分の生活世界そのものなんですよ。だから社会の流動性が高まって不安定になるときは、信念や価値観が逆に大切にされたりすることもある。経済的なグローバリゼーションで生活が変わったりすると、かつての価値観により強いアイデンティティを見ようとするんですね。

それで究極的には、政治の場面で世論を抑えるのは簡単ではないんです。選挙のない社会でも暴動は起こるでしょう。むしろ、選挙がないからこそ社会の偏見に迎合する政策がとられることだって珍しくはありません。

ただね、世論に従えばいい政策が出てくる保障もないんです。世論っ

■社会の流動性が高まると信念や価値観が大切にされる
例としては19世紀ヨーロッパのナショナリズム、19世紀末のイスラム復興運動が顕著。

■選挙がないからこそ偏見に迎合する場合もある
「たとえばインドネシアのイスラム化が進んだのはスハルト政権の末期でした」（藤原）

ていうのは結局そこにいる人の意見でしょ？　その意見を反映するのが民主化のプロセスですから、そこに住む人の宗教心が強ければ政治も宗教的になるし、偏見を持った人が多ければ対外政策にも対外偏見が反映されてしまう。民主化と言えばどこでも西欧的なデモクラシーに向かう過程だ、という考え方がそもそも間違ってるんです」

――そうするとイスラム主義の復権の感覚は「前近代的」と言うより、今の中国に似てるんでしょうか。今の中国の反日感情も、一面では、近代化で以前より発言ができるようになった都市の人たちによるナショナリズム現象、と言われてますよね。

「そう、半分権威主義が残ったところでの世論の参加が広がったら何が起こるのかっていうことですよね。普遍的人権とか諸国の友好なんていう方向じゃなくて、むしろ対外的な偏見とか、わたしたちは外の世界から攻撃を受けている、という被害者意識的な見方が広がってる。これに僕は驚きはないです」

イスラムの被害妄想

――そうすると風刺画事件も、そういう新しいイスラム主義への回帰みたいなのの表れなんですか。あの怒り方はハンパではなかったですけど。

「ええ、怒るにしてもそこまで怒るか、それはないだろうみたいな」

――抗議デモのプラカードが「描いたやつの首斬れ」とか「西洋抹殺！」とか非常に攻撃的で驚いたんですね。そこまでのタブーなのかって。

「対象が宗教ですから政治家の風刺とは違いますよね。自分たちの生きる根拠についての誹謗と映るわけ。絵に描いたことも含めて、宗教が否定された、ということはその宗教を信じている自分たちが否定された、と受けとるんですね。

ただでさえムスリムは、アメリカや西欧がイスラム社会を敵視しているという被害者意識を持ちやすい。これまで実際に迫害されてきた歴史があるし、9・11の後、アメリカはイスラエルとの関係をさらに強めて、アフガニスタンともイラクとも戦争をした。自分たちは世界から迫害されている、と考えやすい状況を外から作っちゃったわけですよ。

もちろん被害妄想は妄想であって、正当な認識とはとても言えないでしょう。それに、イスラム教徒がみんな被害妄想で凝り固まってるってことじゃない。でもこういう事件が起これば、被害者意識の強い側、急進的な方の力が強まりますよね。それで近代派を押し戻しちゃったわけですね」

――なるほど。で、その被害妄想が陰謀論に繋がってますよね。ハマスが「フランス革命もふたつの世界大戦も全部、ユダヤ・マネーの陰謀だ」と言っててビックリしたんですね。その一方で、イギリスの新聞では、保守派の解説者が「あそこは教育水準が低いからしょうがないですね」と言っていて、これで対話なんてできるんだろうか、と。

「ひどいもんです。ただね、教育水準の高いところまで被害妄想が浸透しているのもこの問題の根深さですよね。『おまえたちは知らないだろうけれども、ユダヤの陰謀というのがあってね』と得々と語るイスラム教徒の知識人って沢山いるんですよ。そもそもインテリって自分を騙すことにもっとも長けた人たちですし。日本でもいますでしょ、高等教育を受けてても陰謀論が好きな人は(笑)」

——ええ、ええ(笑)。だからゲームのルールが全然違う相手同士なのかなあ、と安易に考えたくなるんですよね。ヨーロッパの政治風刺や宗教風刺は日本人が引くくらい毒がありますけど、「これは風刺というゲームです。笑えないやつが幼稚なんです」みたいに笑って流すのが作法なわけですよね。で、中東に行ってちょっとでも風刺をやると、「存在自体を否定された、許せん！」となるわけですよね。もしかして表現の自由と宗教とで、どっちも原理主義？みたいに思えてくるんですけれども。

「うーん、僕は、表現の自由というのは、その社会で認められる範囲内で存在しているんだと思いますよ。皇室を典型として、日本にだって報道のタブーはあるし、アメリカでもドイツでも、ナチス・ドイツを美化する言説はタブーですよね。そんなときは、報道の自由とか表現の自由なんて言っても誰も相手にしてはくれない。

結局、倫理というのは普遍的な原則じゃなくて、そこに住んでる当事者が受け入れられる範囲のなかでの倫理なんですよ。その意味で、現実社会の表現の自由は、絶対的な概念でもなんでもない。今回の戯画化が問題なのは、ムスリムが風刺を風刺として受け入れなかったってことじゃなくて、タブーが破られたときには粗暴な行動をとってもいいんだと公言する人が沢山いたことでしょう。そこのところは、イスラム社会の政治的未成熟って言ってもいいと思う。

ただね、マホメットの肖像を戯画的に描くことがそれほどのタブーだなんて知らない、そんなことを考えたこともない人たちが、イスラム社会の外には非常に沢山いる。そういう人から見れば『何が悪いわけ？』ってことになる。それでぶつかっちゃいますよね。

文明は衝突させたければいくらでも衝突するでしょう。衝突させたい人もいるし。ただ、避けることができる紛争ってあるでしょ？」

――そこですよね。

「結局、いつもの僕の議論になっちゃいますけど、プラグマティックな判断が第一っていうこと。『風刺の何が悪い？』って態度は、実は自分たちの狭い観念にあぐらをかいた開き直りとも言えるんです。

イスラム社会のなかで明らかに歪んだ世界観を持ってる相手に対しては、偏見を暴くのでなく、偏見を支える基礎を壊していけばいいわけですよ。風刺画によって相手を挑発するんじゃなくて、そういう偏見に凝り固まった人を少数派にするような状況を作ることです。『イスラム教徒は全員、教育水準の低いバカ』という報道をすれば、怒るの当たり前でしょ」

――だから、いまさらなんですが、イスラム圏の思想とか理屈をきちんと勉強しないと本当にもう立ち行かないなあと痛感しましたね。

「そう思いますよ。ただひとつ気をつけたいのはね、〈相手を挑発しない〉ってのは、〈相手の立場が正しいと考える〉こととは違うってことです。イスラム教徒のなかの急進主義とか被害妄想を正当化したり、暴力は当然だとかって美化する必要はまったくない。犠牲者に肩入れすることさえあぶない。ハマスなんて犠牲者ぶることで権力を伸ばしてるだけですから。周辺化されればされるほど、被害者の間の被害妄想、言ってみれば都市伝説のような狂信的な態度が広がるという現実も見る必要があるんだろうと思う」

パレスチナの「正義の味方」、ハマス

——で、そのハマスですが。パレスチナの選挙で自爆テロの元祖と呼ばれるハマスが多数派をとった。これはもうアルカイダが政権をとったのか？みたいなことなんでしょうか。

「アルカイダは国際的なネットワークですけど、ハマスはパレスチナっていう特定の地域の人々の要求に応える組織です。そこはやっぱり違いますよね。ＩＲＡみたいなもので、どれほどひどいテロをしても、その地域では正義の味方に見えてしまうパラドクスがある。

ハマスは恐怖を手段に支持を集めたとは言えないでしょう。むしろ、ＰＬＯのファタハよりも腐敗してなくて、みんなの面倒をみてくれる互助組織だった。そこを見こまれて勢力を拡大した。でも外から見ればハマスがリーダーシップを握ると、イスラエルとパレスチナの間の協議の可能性は大幅になくなってしまうわけで、パレスチナ和平の展望は見えなくなっています」

――ＩＲＡみたいに、民主的な制度に組みこまれていって、穏健化するなんてことはないんですか。

「それは沢山沢山人が死んで、武装闘争路線ではとてもやってけないという結論が出てからのことでしょうね」

■ＰＬＯのファタハ
ＰＬＯの中核組織。アラファト議長の指揮の下でパレスチナ自治を求める運動の中心となっていたが、内部抗争によって衰え、暫定議会選挙ではＰＬＯと対抗するハマスに敗れた。

■ＩＲＡの穏健化
北アイルランド紛争は80年代半ば頃から徐々に鎮火されていった。まずシン・フェイン党がＩＲＡと距離を置きはじめ、98年にはイギリス政府との和平合意が締結。ＩＲＡは武装解除を渋っていたが、05年7月、ロンドン同時爆破テロ事件の3週間後、武力放棄を宣言した。

――今はまだ時機が来ていない？

「ううん、難しいと思いますよ。シャロン（イスラエル首相）がガザから撤退しましたね。これをどう解釈するかなんですよね。ひとつには、やっぱりシャロンもパレスチナ問題の解決のためには、占領地をすべて維持しても仕方ないと考えたんだなあ、という見方もできる。だけど一方で、ハマスのテロで脅されたからだろう。あの急進的なシャロンでさえ我々の力を認めざるを得なかった。ほら見ろ、やっぱりイスラエルになんか暴力しか効かないんだ」

――と考えたんですか、ハマスは？

「そう考えた可能性は十分あるんじゃないでしょうか」

――なんだ、及び腰で失敗したぜ！と。

「そうですそうです」

――石投げときゃ逃げるんじゃん！と。

「石じゃないですよ、殺すんですよ！　第一次インティファーダの投石

■イスラエルのガザからの撤退
05年、シャロンの主導で、ガザ地区からイスラエル軍の撤退、ユダヤ系入植者の退去が始まった。

だって非暴力とはとても言えないけど、第二次インティファーダになると、もう、自爆テロですからね」

——そうですよねえ……。とにかくあぶない教訓をパレスチナは得てしまった可能性があると。

「そうなんです。もちろん、さっき言われた北アイルランドみたいに最終的にはハマスが方針を変える可能性はあるんです。で、イスラエルとの協議に応じてもらう。そっちの方が外から見れば望ましいんです。でもハマスは今、そんなことする必要ないじゃないですか。シャロンでさえガザから撤退したってのに、なんで武力闘争路線を放棄しなきゃいけないのかってことになる」

——じゃあ、短期的には激化しますか。

「ファタハとの路線対立も出てくるでしょうしね。一方で、イスラエルもアメリカも、穏健派のＰＬＯと交渉することにさえ消極的だった。イスラエルの世論は『パレスチナ占領地からの撤退は屈辱だ』という発想が強まっていて、シャロンほど強硬な路線でさえ支持されていない。今のイスラエルは間違ってもパレスチナに妥協するなんて方向はないわけです。この間も、テロリストに対する正当な作戦だと言って、空爆してましたよね。あいつらが急進的になってんのに、何で和平路線なんかにならなくちゃいけないの？と思ってる。……こういう希望的な観測が成り立たないところを見つける能力だけは、わたしはあるんですよ」

——(笑)。じゃあ、状況はかなり悲観的ですね。

「はい、悪いと思います」

——パレスチナが自爆テロやれば、イスラエルも空爆する。最悪の暴力スパイラルというか。

「今は破滅への道ですよねえ。イスラエルとアメリカは、パレスチナの政権にこれから干渉を強めると思いますよ、軍事オプションも含めて。結局、9・11事件の後、置き去りにされていた中東の課題、パレスチナ問題とイランの核開発が今、火を吹いてるんですね」

強気のイラン、足下を見透かされるアメリカ

――一方で、イランの核開発はもう進んでいて、ＩＡＥＡ（国際原子力機関）では制裁という話も出ている。でもアフマディネジャド大統領は「おまえらに言われる筋合いはない！」とか突っぱねていますよね。あれはフセインがやったような空威張りなのか、それとも本当に居直ってるのか、どちらなんでしょうか。

「彼が徹底して開き直っているのは、ＩＡＥＡの制裁自体をそれほど怖れなくていいからです。そもそも今のところは平和利用だと言われたら文句をつけにくい。各国が合意できる水準の制裁はそれほど高くなり得ない。こういう状況で効力があるのは、アメリカが単独で、しかも凄まじい軍事制裁を加えるかも知れない、という脅しが一方にあって、ＩＡＥＡや国連安保理は別に力はないけどアメリカが控えているためにその

決定が影響力を持つという状況なんです。力と正義の連携プレーって言えばいいのかな。でも今のアメリカを怖がることはないじゃないですか」

――イラクで足が抜けないんで、もう戦争ができないから。

「その通りです。それに加えて、アメリカの抑止力が下がっちゃったんです。アメリカはどこと戦争しても勝てそうな力はあるけれども、敢えて戦争に訴えることは実は少ない。戦争そのものよりも、戦争するぞって脅すことで力を蓄えてきた国ですよ。ここがパラドクスなんですね」

――いざとなると怖いぞっていう立場がいちばん強い。

「そう。だから戦争してないとき、アメリカの抑止力は実はいちばん強いんです。でも実際に戦争をすると、そこに兵力を割かれますから、ふたつ目はできないんじゃないかって、足下見られるんですよ。

つまり、イラクで戦争しちゃったせいで、アメリカは自分の脅す力を弱めてしまった。イランに対してアメリカは様々な発言はしてますけれども、口先ばっかりでほとんど先手という先手をとってない。

今はイランだけじゃなくて北朝鮮にも足下を見透かされてます。アメリカが北朝鮮のミサイル危機で国連での決議という方向に持ちこんでいるのは、単独で解決する意思がないからです。だからブッシュはムリに強硬なレトリックを言ったり、様々な手段を講じてるふりをしなくちゃならない。

だから軍事的なリアリズムから考えても、要らない戦争ってのは、ほんとにやっちゃいけないんですよ。イラク介入は不必要だった。戦争は必要な場面があるかも知れないですけど、要らない戦争なんかしたら、そこで問題を抱えるだけじゃなくて、抑止効果も失ってしまうんです」

ハマスとの交渉のポイント

――そうするとアメリカの中東政策は完全に手詰まりに見えますね。

「パレスチナについては、今、外から脅したり、予算をあげないで兵糧攻めにしても、ハマスが変わるとは思えないですね。でも、態度を変えて、ハマスと交渉する準備があるという姿勢を見せたら、今度はハマスをさらに勢いづかせますよね。だから脅してもなだめてもだめ、これはもう行くとこまで行くしかないかなあ?という状況。今の状況悪化が一区切りつくまで、手を出さないでしょうね。それに11月の中間選挙に向けて内政が重視されますから、対外政策はブッシュ大統領にとって、今大きな手を打ちたくない分野。弱いとこですね」

——なるほど。

「こういうときは、独裁政権も交渉の相手とする、という原則を守らないといけないです。『独裁政権とは交渉しない!』と突っぱねると、外交で打開する機会を失うんですよ。もちろんここで言う外交とは、言う通りにしないと戦争するぞっていう脅しとセットになったものです。でも交渉しないってことになると、こちらも一挙に戦争に行かなくてはいけなくなってしまう。そもそも独裁だとしても、ムリに外から作った傀儡

■独裁政権とは交渉しない!

自由と民主主義を守るアメリカは独裁政権は許さない、従って独裁政権との交渉もアメリカの本義にもとるものだという考え方。アメリカ外交にはリアリズムの流れもあるから、常にこの態度をとってきたわけではない。だが、たとえば中華人民共和国が建国されても米中接近までの長期にわたって北京政府に承認を与えなかったのはその一例だ。国際法における国家承認とは、伝統的にはその地域において実効的支配を行っている政府に対して承認を与えることを指しているが、アメリカは「承認に値しない政府は承認しない」という独自の立場を貫いたのである。だが、交渉を拒否すると、戦争以外の方法で相手から譲

政府よりは安定的なことが多いですし、その独裁者を支持している人たちを敵に回してしまう可能性もあります。『ナチス・ドイツは民主主義で生まれた政府だ。民主主義がよい政府を作るとは限らない。狂信的な権力が生まれたら外から倒す必要がある』と言う人がいます。でもね、ヤなこと言いますけど、独裁とは交渉しないで外から潰すっていう政策は、そうそうできるものじゃありませんよ。ナチス・ドイツはドイツ国内のかなり広い支持を受けて成立し、しかもヨーロッパ規模の戦争をしようとしてたわけです」

――でもナチス・ドイツが対外的に侵略を始めると放っておけないんじゃないですか？

「そう、ユダヤ人への迫害と殺戮に加えてポーランド侵略もしますからね。だから僕は、ナチスに対して戦争したのは正しかったと思ってます。まずいのは、どんな独裁でもナチになぞらえて交渉を拒絶し、軍事オプションに傾斜すること。だって、ハマスはナチスですか？　つまり、ハ

歩を勝ちとる機会を失う可能性があり、外交政策としては賢明とはいえない。（藤原）

マスが権力を握ったことは問題だから、パレスチナのハマスの拠点をすべて制圧すべきだって考えます？」

――そこまでをルールにすると世界中で戦争しなくちゃならなくなりますね。

「そうでしょう？　自爆テロの後ろで糸を引いていると目されているだけに、我々はハマスのテロの拡大は認めることができない。でも、ナチス・ドイツみたいな、国際政治全般の危機を起こすところまでは、まだ行ってないんです。だから面倒なことになる。ハマス追放が目標ではないと明示したうえで、暴力に対する制裁も加えなくてはいけない。しかも、その制裁にあたって、イスラエル単独の爆撃みたいな報復攻撃を抑えこみながら、十分な対抗処置をとる必要があります。こちらが優位にたち、イニシアティブを確保したうえでの交渉、ということです」

――根幹から覆してはいけない。でも、それ、ものすごく難しくないですか？

「もちろん難しい。だけどそれが政治でしょ？　抑止と交渉の組み合わせですね。相手を戦争で倒すのか、それとも相手に屈服するのか、という二元論で考えるから間違えてしまうんです。問題は、相手の行動のなかで、自分たちが絶対に受け入れることができない領域については軍事的に脅し、そして同時に、相手のすべてを敵に回すという行動をとらないことですよね」

――ひら～たく言うと、明らかに困る行動については文句を言うが、その人の人間性とか人格についてまでは文句は言わない、みたいなことですか？

「特定の行動に対しては文句を言い、必要があれば実力行使も辞さないけど、相手の存在は否定も排除もしない、ということですね」

――言うは簡単ですが、それ、普通の人間関係でも難しいですよね。

「うん、難しいですよ。親戚をハマスに殺された人がハマスと交渉するというのは身の毛がよだつ行為だろうと思いますね。だけど外交ってそういうもんです。この抑止と交渉の組み合わせがヨーロッパの古典外交ですからね」

悩める日本

――パレスチナ＝イスラエル問題で日本政府は何かできるんですか。

「日本は、今、ハマスに対して経済援助を与えるべきかどうかという問題に直面してますね。確かに難しい問題です。制裁で兵糧攻めをしたら、今のハマスはファタハよりも外部資源に依存してませんから、倒れるどころか基盤を強めかねない。しかし正統政府として認めて交渉しますよと言えば、急進的な立場に支持を与えることになりかねない。もうハムレットのように悩んでるんですけど。だけど、この間、ハマスが『日本は援助をしてくれるはずだ』と言ったのは、やっぱり日本と欧米は少し違うと判断してたんですね」

■ハマスへの経済援助
経済援助を認めると公認・支持したことになる。

――そうみたいですよね。

「うん、インドから中東にかけての地域では日本に対するイメージが不気味なくらい、いいんです。だから交渉するという立場と抑止を組み合わせた方がいいと思います。これはアメリカとの分業で、脅しはアメリカ、でも日本経由の交渉ルートは確保する、という具合。

たとえば中国がいちばん独裁的で、暴力的だった時代にもイギリスは中国と国交を結んでましたよね。こうやってイギリスと国交を結んでいるというのは、中国が今のように国際社会に復帰するときに、非常に大きな意味があったんです。でもこれ、イギリス政府が中国にへつらったとかいうようには、今解釈されてないでしょう？　交渉チャンネルを残すというのはそういう問題です」

――口を利かなくなっちゃうのがいちばん危険ということですよね。

「そう。風刺画事件でも、日本の報道と横文字の報道ははっきり違いますね。日本では『困ったことになった。どうしようどうしよう』という方が一般的で、『本来は言論の自由を貫くべきだけれど』っていう原則論はほとんど見られませんでした」

――やはり、日本では言論の自由という発想はあまり浸透してなかったという(笑)?

「ええ、腰が引けてて困ったもんですが(笑)、イスラム諸国の反発が多少理解できるってとこもあったんでしょうね。この問題については大変結構なことだと思います(笑)」

――(笑)。よく中東のエキスパートが、日本はアラブとは歴史的なしがらみ、植民地の禍根とかもないし、立場を曖昧にしてやってけばいいんだよって言いますよね。政治的にはっきりモノを言わないのが逆にウケる。石油が欲しいのはどこの国も同じなんだしっていうように。

「ええ、ええ。そしてこれまで曖昧にやってきて、十分、利益を得てきたんじゃないでしょうか。基本的に石油、資源と利権の関係になるわけで、原理原則ではぶつかってないんですよ。イスラム社会との闘争を繰り返してきた歴史もないし、ユダヤ社会と自分たちが一体だという意識もないからイスラエルとの関係はそこまで優先順位は高くない。日本と中東は同じアジアだとか、そういう物言いって根拠ないと思うんだけど、同じアジアだと思いこんだ〈空想の中東〉で中東とおつきあいしても、それで構わないと僕は思ってます。第二次石油危機のときに、〈油乞い外交〉っていう批判を受けましたよね。あのとき、アメリカ特派員とかの日本人は『目先の利益にとらわれた汚い行動をする祖国日本が恥ずかしい』と言ってました。でも石油、必要じゃないですか。原理原則を掲げてイランを孤立化させればいいってものじゃないし、たぶん成果も得られない。こういうとき恥ずかしがる人は、恥ずかしがりゃいいんです」

――アメリカかぶれになる必要はない、と。ただ、小泉政権で日米同盟がどんどん強化されていく今、日本伝統の〈曖昧外交〉が難しくなってきてますよね。アメリカは日本が当然一緒についてくるだろうと期待しませんか。

「これまでは、イスラエルとアラブの間に立たされたとき、日本は選択を避けてきたんです。少なくともイスラエルを明確に支持はしなかった。小泉政権でも『日米同盟を優先してイスラエル支持を明確にしろ』という声はさすがにあがってないです。要するに北朝鮮と中国を抑えるためにアメリカを使っているわけで、中東でアメリカと一緒にイスラエル第一でいこうなんて、そんなことにはなりっこないわけ。

一方でね、実際に中東諸国の外交関係者のなかにも『日本はアメリカとの関係があるからイラクに兵隊送るのもやむを得ないでしょう』という、妙にものわかりのいい人がいるんですよね。おたくにはおたくの事情があるだろう、だからって日本を非難しようとは思いません、というわけです。結構、融通効いちゃうリアリストの面があります。

もちろん日本が『わたしたちは民主主義国として、アメリカと共通の理念に立って行動している』と中東側に言ったらケンカ売ってると思われますよ。でも『うちは自分で強い兵隊を作りたくないんだ。派兵はアメリカにつきあってるだけだから仕方ない』って言えば、お互いさまみたいなリアリズムになるわけ。日本の選択肢も狭いんだよ、って」

――ほんとにそれでわかってもらえるんですか？　自衛隊派兵で中東での対日感情は悪くなってるという報道もありますよね？

「まだ大丈夫だと思いますよ、日本は経済がそれでも強いから、中東各国、大事にしています。納得できなくても、文句は言わない。これは世論向けっていうよりは実務官僚レベルの話ですけどね。中東諸国の官僚にとって、アメリカやヨーロッパより、日本の方がずっと外交がやりやすいんですよ。財布のヒモも緩いし、日本と協力しても世論からの反発はアメリカやイギリスなどとの関係とは違いますから」

――なるほど。そうすると日本は欲しいものを明確にして――。

「そう、それから立場性を強いられるのをできる限り避けること。

もうひとつ進められれば、中東各国と交渉チャンネルがあることを利用して、外交交渉の橋渡し、仲裁役になることでしょう。まあ、今のパレスチナではこれは難しい。ただ、アフガニスタンなら、NGOも日本政府もかなり実績があるし、対日感情がいいですからね。アフガン戦争の直後の復興会議だって、東京で開かれる必然性はそれなりにあったわけ。アフガンでイスラムか西欧かというような二元論的対立が激しくなったら、日本の出番は沢山あるだろうと思います」

心を癒す国際政治

――わかりました。最後に、中東を見ていて思うんですが、要するに、お互いの家族が殺されたり、みんな傷ついてるわけじゃないですか。内的な怒りとか悲しみ、屈辱感が復讐心に転じている。変な質問ですけれど、国際政治で心を慰撫するセラピー的な政策はないんでしょうか。

「それはふたつ、まるで別のレベルのものがあります。

ひとつは、政府の間の外交で使う、美辞麗句。すごく多いですよ。

■アフガニスタン復興支援国際会議
02年1月に東京で開催。小泉首相はホスト国として「ここに集まった各国、各機関がアフガニスタンの人々の努力に対して一致団結して協力していく力強い姿勢を示そうではありませんか」など挨拶した。

たとえば日中友好という掛け声とか。そもそも日中が簡単に友好できるわけないじゃないですか。戦争をしない状態を保つだけでも大変なんですよ。だからこそ〈日中友好〉と言って、民間人の交流をやって、ものすごくお金がかかる式典とか、交換計画とか、パンダをあげたりピンポンとかやるでしょ？　シンボルによって、友好というフィクションを作り上げるわけですよ。フィクションを信じる人がいて、そこに協力の可能性を見るようになれば、フィクションだって現実になる。シニカルな言い方ですけど、それも政治ですよ」

――じゃあ、ウソでもいいから友好という大きな絵を描いて、やれることはやる？

「はい、お互いにだまし、だまされましょうって(笑)。でももちろんそれだけじゃない。心を慰撫するっていうことの第二の意味、いわば実体は、やはり共存の喜びなのかなと思います。

被害妄想や陰謀論ばかりで世界を捉えるのは、どうしたって陰惨です。

内向きに引きこもるし、未来に展望はないし、当事者に凄まじい精神的なストレスをかけるんです。殺される恐怖がなく生きていけるんだって思えることは、やっぱり強い解放感をもたらすと思います。

で、殺し合わなくてもいいってのは、単純だけど強烈な魅力のある未来なんです。それが現実に可能だとなると『あいつらにだまされるな、あいつらみんなおれたちの敵だ』なんて言い続ける強硬派の声を聞く人が次第に減ってくる。被害妄想や陰謀論じゃなくて、現在の、どうってことはないけど角突きあわせなくてもよい状態に安心するからです。そこまでになると、やっと相手に人間の顔を見ることもできるようになるかも知れない。

〈やつは敵だ、やつを殺せ〉。これが政治の本質だと言ったのは埴谷雄高です。でもそれだけでもないんですよ。紛争は不可避だっていう状態をなんとか和らげて、紛争は避けられるという状態にまで持っていく。確かにそれはただの散文的な平和であって、ユートピアでも何でもない。

■〈やつは敵だ、やつを殺せ〉　埴谷雄高『幻視の中の政治』

でも、友敵関係のすさまじい緊張をゆるめ、政治のなかで苛烈なイデオロギーが横行する条件を消していくことができると思うんです。自分の生存のためには敵を殺すほかないという状況は、現実にあるかも知れない。でも、その観念が政治社会の基礎になると、手のつけようのない荒廃しか残らないと思います」

07

イラクから世界は壊れるのか　対談×酒井啓子

2007年2月6日

「戦争終結宣言」から4年、イラクから戦後復興の明るいニュースはひとつも聞こえてこない。「シーア派とスンナ派の武装対立」「自爆テロ」というフレーズは日常語となり、隣国から兵士が流れこんでいるともいう。イラクはどこへ向かうのか。この混乱は中東全域にも波及してしまうのか。そのとき、イスラム系テロに怯えるヨーロッパやアメリカはどう反応するのか。

いや、それ以前にそもそも私たちは「シーア派とスンナ派の武装対立」の本質的な意味をわかっているのだろうか。

アメリカがイラクへの増派を決定した1ヵ月後、開戦前から「戦争すればイラクは崩壊する」と断言していた酒井啓子さん（東京外国語大学大学院教授・イラク政治）を交え、メディアでは語りきれない「イラク泥沼化」の真実を整理

していただいた。ともに「開戦反対派」としてメディアで論陣を張られたおふたりだけに和やかで、非常にわかりやすい解説になっている。だが、ここで語られるシナリオは本当に重い。

今のイラクは「革命後」の恐怖政治

――イラク発のニュースというと、「今日の自爆テロの死者数」ばかりが報道されるようになってしまいました。混乱ぶりは歴然としているんですが、まだ、国として機能してるんでしょうか。

酒井　私はもうイラクがどこまで壊れるのかわからなくなってきてるんです。イラク人自身が、どこに底があるのかわからない。だから底が見えるまでちょっと避難する、あるいは頭を低くしておとなしくしてるしかない、みたいな状態になってるんだと思います。

フセインの処刑ビデオはすごくショッキングでした。フセインが処刑されたこと自体は、ある意味、アメリカの「勝利宣言」の後ずっと既定路線だったので驚かないん

■今日の自爆テロ
ちなみにこの対談（2月6日）前の一週間で「1月30日、連続爆破テロ36人死亡」「2月1日、自爆テロ58人死亡」「2月3日、バグダッド爆弾テロ105人死亡」「2月5日、3ヵ所で車爆弾爆発24人死亡」というニュースが流れていた。

■フセインの処刑
イラク高等法廷二審での死刑判決が12月26日、死刑執行は同月30日。直後に携帯電話のビデオ機能で撮影された、執行現場の映像がインターネットに流出した。立会人が流したと見られる。「アッラーフ・アクバル」（神は偉大なり）と唱えるフセインを立会人が「地獄へ堕ちろ」など罵倒している。

ですけど、あそこで「ムハンマド・バーキル・サドル万歳！」とか叫んでた人たちがいた。これは要するに「イスラーム革命万歳！」って意味なんです。あの処刑の様子を見て「あ、ここは革命裁判所なんだ。あれはギロチンなんだ」ってはっきりわかった。叫んでるのは革命万歳派のもっともラジカルなグループなんですよね。

――だからフランス革命で言うと、フセインはルイ16世だったと。

酒井　そういうことです。

――フセイン裁判では裁判官の選出から何からアメリカが後ろで糸を引いていると聞いていたので、あの判決4日後でのスピード処刑とビデオ流出にはビックリしたんですけどね。アメリカは最低限の秩序くらいは重んじるだろう、と思っていたので。

酒井　イラク戦争というのは、戦前からアメリカ軍の影で、イスラーム勢力がこっそり入ってきて、あわよくば政権取ろうみたいな形で動いてきてたんだと思います。その勢力たちが今、恐怖政治をやっている。革命をやって、旧体制

■ムハンマド・バーキル・サドル師
シーア派・反フセイン派のリーダー。フセインの弾圧で80年に処刑。遺志を継いだムクタダー・サドルが現在、武装闘争中。

■恐怖政治
フランス革命中の、国家による組織的な暴力政治。ルイ16世が処刑された後、革命派2派の抗争が激化、権力をとったロベスピエール派は反対派、穏健派から一般人に至るまでを次々に処刑した。その数は1年足らずの間に1万7千～2万人と言われる。

をギロチンで切って、街中では旧体制派を吊しあげていく。こういう恐怖政治派に対して旧政権派が熾烈な戦いを繰り広げている。今、経験しているのは革命政権としての混乱状態ってことですよね。その革命政権が何を目指しているかというと、たぶん今のイランよりもさらにラジカルなイスラーム政権なんです。今、起こってるのはその革命政権のなかで誰が政権を握るのかっていう争いなんです。

藤原　そこで中心人物とか中心勢力とか、指示を与えている指導者の求心力って、どれぐらいあるんですか。

酒井　求心力がないんですね。今の革命勢力を3つに分けると、まず、50年代から存在する、イランやアラブ諸国、英米に亡命していた、どちらかというと知的エリートなイスラーム主義者のグループ。マリキ現首相がいる政党ですね。ここは制度的に比較的しっかりしていて、アメリカは穏健派と見てます――本当は完全に革命派ですけどね。2つ目にイランべったりの親イラン・グループ、SCIR

■マリキ首相
イラク戦争「勝利宣言」から3年後、正式政府が発足した。その首相がマリキ。

I（サイリ）がいる。3つ目に制度的には何も確立できてないし、知的にも幅広く思想展開できてないけど、民衆、特に貧困層には広く支持を受けてるサドル派がいる。このサドル派が、もっぱらポピュリスト的に走ってたり、救世主信仰を掲げたり、カルト的になったりして、あちこちで問題を起こしてる。いろんなイスラーム勢力が好き勝手やってて、その3つがそれぞれ勢力を誇ってるけど、どれもリーダーシップをとれない。

藤原　文字通り〈万人の万人に対する闘争〉で、本当に国が壊れってますよね。アフリカのソマリアとかコンゴみたいに、政府ってものがなくなっちゃった権力真空の社会。サダム・フセインのイラクは独裁政権だったけど、社会を統制する力は持っていた。〈独裁政権の下の不幸〉ではあっても〈権力真空の不幸〉じゃなかったわけですよ。今のアフガニスタンも権力は真空です。だけどアフガンの場合はソ連侵攻の後、長い間その状態が続いたので、軍閥なんかによる一種の地域分割ができている。

■SCIRI（サイリ）　イラク・イスラム革命最高評議会。フセイン体制のもと、イランに亡命していたグループがイランの庇護を受けて、結成した。イスラム教にもとづく国家建設を掲げる。現在はイラクの連立与党内の最大派閥のひとつ。07年5月、党大会で名称から「革命」を抜き、「イラク・イスラム最高評議会」に改名した。（酒井）

■万人の万人に対する闘争　政治哲学者ホッブスが指摘した、アナーキー／権力真空のもとで人間が陥ると仮定される状態。これをリアルに感じるにはたとえば映画『ホテル・ルワンダ』など参照。

地場の実力者みたいなのが、国連や米軍の支援を利用して勢力圏を確保してるんですよ。だから全国では力の真空は続いていても、地域単位だと群雄割拠でそれなりに勢力が均衡してるところがある。まあ、それぞれが勢力拡大のためにこっそり次の内戦に備えてるでしょうし、タリバンもずいぶん勢力盛り返したそうですから、あまり楽観しない方がいいんでしょうけど。

でも、今のイラクだと誰の縄張りがどこまでかが確定しない。最悪の事態ですよね。

アメリカは増派して何がしたいのか

——その権力真空＝中央権力がない状態は日本だとイメージしにくいですけれど、警察も消防も軍も機能しない。誰が統率してるのかわからない。究極の恐ろしい状態ですよね。アメリカはここで治安維持に力を入れるために増派したんですか。

酒井　ブッシュが増派したのは、あそこまで革命裁判所をやられた

■ブッシュの増派
07年1月、ブッシュ大統領はイラクの兵力を約2万6千人増やすと発表。この結果、イラク駐留米軍は約17万人となった。

らもう止められない、穏健派に圧力かけてまとめさせようとしても無理だから、米軍が直接手を出して政権内の厄介者をつぶしてやるしか手はないんだって考えたからだと思う。イラク政府に向かって、革命政権の中にいるラジカルなグループを「切れ、切れ」と言ってる。でも切れないので、「おれたちが増派してつぶしてやるぞ」と。さっき言った3つ目の集団をつぶして、1番目のエリート集団に凝集させたいわけ。

——アメリカは依然、強気っていうことですよね。藤原さんは最近、アメリカの外交政策は対北朝鮮では国際協調・外交路線に変わっていっていると言われてましたけど、アメリカの増派をどう見られましたか。

藤原　対イラクでは突っ走っちゃってますね。あの増派は僕もビックリしました、まだそんなバカなことをするのかって。去年(06年)の中間選挙で、ブッシュ政権のイラク政策は不信任されたと受け止められて、政策転換が始まりそうになった。ラムズフェルド（前国

■**アメリカは対北朝鮮では国際協調・外交路線に変化した**　『SIGHT』30号(07年冬)でのインタヴューでの発言。『戦争不要』参照。

防長官）も首を切られたし、ベーカー元国務長官を中心にイラク政策を超党派で見直すことになった。ところが増派したってことは、その超党派の勧告を切ってしまったんですよね。

　この超党派の勧告はベーカー・ハミルトン報告っていって、隣のイランやシリアとの関係を利用して、イラク紛争を打開していこうというプランだったわけです。イランもシリアもアメリカにとっては一種の仮想敵国だけれど、イラク国内に影響力がある。そことの外交でイラクを安定させようっていう計画だったんですね。

　でもブッシュ政権はそれを選ばなかった。つまり、イラクで譲歩してしまったら、ブッシュ政権は保たない。北朝鮮とか、ほかの争点だったら妥協してもいいけど、イラクについては民主党が何を言おうが、つっぱるぞ、ということですよね。一般的には超党派の勧告を蹴飛ばしたのはチェイニー副大統領だと言われてます。それに前は兵隊が足りなかったから、うまくいかなかったんだ、今度は沢

■ベーカー・ハミルトン報告
米議会での党派を超えた有識者が、ブッシュ政権に対して提案したイラクからの撤退手段の報告（06年12月）。08年春までに米軍の大半をイラクから撤退できるとした。父ブッシュ政権の国務長官ベーカーが中心となった。

山送るから体勢も立て直せるんじゃないかっていう期待がある。こういう希望的観測が戦争ではいちばん危ないんですけどね。

ただね、どうなんだろう。酒井さんに聞きたいんですが、イランやシリアをいじれば、イラクの状況が変わる可能性はあるんだろうか。

酒井　そこなんです。ベーカー・ハミルトン報告はこの問題をイランに投げてしまおうってことですよね。だけれど、さっきの3者の勢力は拮抗していて、それぞれ仲が悪い。今はとりあえず1番目の穏健派インテリで力のないグループに首相をやらせてるけれども、放っておけば2番目のイランべったりグループに権力が行く可能性がある。だからその、ほとんどイランの傀儡みたいなグループに任せてしまおうと。彼らは南部に影響力を持っていて、南部地域に「地方政府」を設置して牛耳ろうとしてますから、イランを通じてイラク南部をコントロールする、でもイラクの全地域には手は出させないよ、という形でまとめる。そこで収まってくれないかなっていうのが、あの案だと思うんですよ。イランを通じて南部を治めさせるっていう。

藤原　そうやってアメリカがイランと組んで政策を展開すれば、イラクは今よりも安定するのかなあ？

酒井　あ、それはないですね。

藤原　その保証はどこにもないでしょう？　シリアはどうなんですか。

酒井　シリアを使う場合は、シリア政府を通して、シリアからイラクに流れこむ変な連中を止めるっていう話ですよね。アメリカは、アルカイダがイラク国内にシリア経由で流れこんだり、シリアが旧フセイン・シンパをかくまっている、と固く信じてるから。でもシリアを味方につけても、イラクに対する効果はそんなにないです。むしろシリアを通じて、レバノン情勢とか、パレスチナ問題と絡めて、アラブ全体のなかでスンナ派のエリアをケアしなさいねっていうレベルの話だろうと思うんです。

藤原　だから、あの超党派報告は

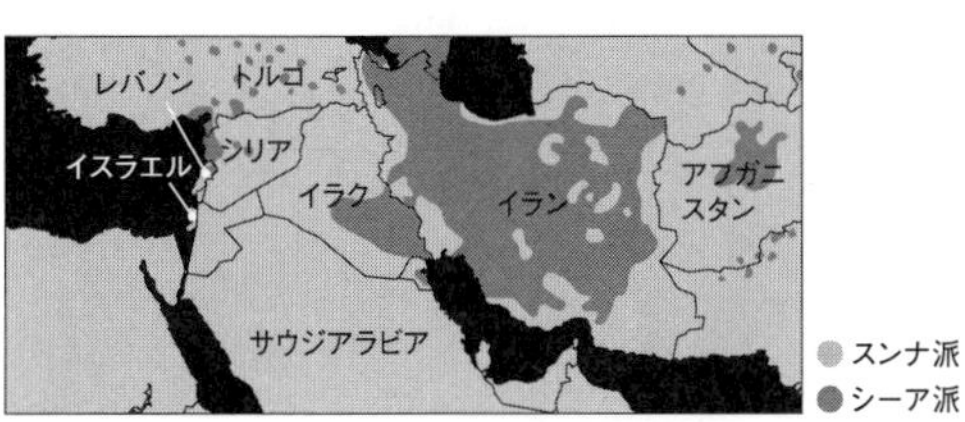

ひとつの方向は示してるけど、それが本当に実現できるかって言えば、批判があっても仕方なかったと思うんですよ。

酒井　私もベーカー・ハミルトン報告でうまくいくとはまったく思ってないです。でも、たぶん最終的にはあの方向で行かざるを得ないんですよ。

というのは、増派して、革命政権のいちばんあぶないところをつぶして、今の政権をおとなしくさせようって方向だと、3者のバランスが崩れてしまう。今は1番目のインテリ首相派が3番目の民衆派ポピュリスト路線のサドル派と組んで、なんとか与党連合のなかで主流派になってるんです。民衆路線の穏健な部分をうまくすくい上げられればいいけれども、サドル派というのは玉石混交で、どこまでが穏健方向に誘導できるのか、どこまで頑固にラジカルなままなのかはわからない。逆にサドル派をつぶし過ぎて全員落っことすと、アメリカが頼りにしてる穏健派の第1番目の党は、連立相手を失って、保たない。

だから、どこかの時点で、このイランべったりグループのSCIRIの方にポストは動いていくんだと思う。いずれにしてもイランがキー・ファクターになる。アメリカはイランに頭を下げざるを得ない時期を引き延ばしてるだけなんでしょう。どこまで引っ張れるかだと思います。

「シーア派vsスンナ派」報道は単純すぎる

——すいません、普通の新聞・テレビではシーア派とスンナ派が対立してるって説明されてるんですが、酒井さんの言う3つのグループ、インテリ・エリート路線と、親イラン路線と、ポピュリスト路線っていうのと、どう繋がるんですか。

酒井　これまでアメリカにしても国際社会にしても、イラクで混乱してるのは「シーア派対スンナ派」っていう、宗派対立だと思ってきたでしょ。でも今はどちらかというと、革命政権のなかの派閥抗争、つまりシーア派内部の対立がいちばん問題になってるんです。ブッシュも1月の演説で、スンナ派武装勢力だけじゃなくてシーア派の一部がやばい、って認めた。
　今の革命政権はシーア派だけど、シーア派だという以上にむしろイスラーム主義を掲げる勢力だということが、重要です。イスラーム主義勢力という、ひとつのイデオロギー集団なわけ。だからイスラームに基づく国家建設なんてイヤだという人たちは、シーア派でもスンナ派でも、ブーブー言ってる。それで革命政権が嫌で反抗している人たちがものすごくいっぱいいるわけ。その反抗してる人たちの中心にいるのが旧政権派なわけだけど、スンナ派だけじゃなくてシーア派もいる。だから宗派対立って言うよりは、革命派・反革命派って分かれていて、革命派の方がたまたま全部シーア派だけれども、全部のシーア派が革命派ではないっていう。

藤原　その勢力配置がどうも頭に入らないんですが、革命派・反革命派っていうのは現政権派・政権反対派っていうこと？　必ずしもそうじゃないんですか？

酒井　必ずしもそうでもないですね。戦後の新政権を支持する、でも革命政権は困る、と思っている人たちは結構多い。現政権のなかでもいまだに政府を何とか革命政権じゃない形にしたいと思ってる人たちはいますよね。

藤原　その革命政権にしたくないグループは今、どれぐらい強いんですか。

酒井　ものすごく弱くなってます。いちばん最初の暫定政権の閣僚は世俗主義で、つまり戦後政権をイスラーム革命政権にしない方向で、なんとかやってたんです。

藤原　アメリカは、その革命政権にしないつもりの勢力に充分、力があるって想定してるみたいですよ。

酒井　アメリカはそこにテコ入れをするしか、今のところ道がないですからね。もちろん形だけ、スンナ派の閣僚も何人か入ってますから、アメリカの理想で言えば、そういったスンナ派の閣僚がある程度発言力を強めて、かつ、スンナ派地域の武装勢力にもコントロールを持って、ある程度代表制を持ってくれば、その革命政権に行かせないような重しになってくれるに違いないって思っているところはあります。でも民衆の意を問う場になると、全然弱いので。

イランとイラク南部が連合する？

――革命という言葉を使われて、今のテロ頻発状況がやっとわかりました。フランス革命みたいに専制君主がギロチンにかけられて、その後、落ち着くと思いきや、旧王党派と反王党派に分かれてしまう。で、反王党派のなかでも小集団に分派して、勢力争い、リンチの応酬になってしまう。しかもそこにイスラム主義者対世俗・近代主義者という対立軸も入ってる。そういう複雑な状況ですよね。ただ、イラクではアメリカという外国勢力がいます。こういう形の混乱は、国際政治の前例ではどう解決するんですかね。

藤原　これはもう、国際的な他国への介入を絵に描いたような話なんですね。冷戦期の介入にあったジレンマを整理してみましょう。

ひとつは〈協力者のジレンマ〉。アメリカは海外に植民地を作らないのを原則とする国ですから、アメリカの言うことを聞く政府が必要になる。ところがそういうアメリカの、いわば傀儡政権は現地からは裏切り者と見られてしまう。そこでアメリカは、その土地の人の支持はあるけど、アメリカの言うことを聞かない政府とつきあうのか、それとも言うことを聞くように圧力をかけるのか、それが〈協力者のジレンマ〉ですね。ベトナム介入はもう、その連続みたいなものでした。アメリカは強引に南ベトナムを独立させて、ゴ・ディン・ジエム政権を作った。でも傀儡のはずのゴ・ディン・ジエムがアメリカの言うことを聞かないわけ。

その次の段階に、僕が〈介入のジレンマ〉って呼んでる状態がある。介入を深めると現地の政府が弱くなってしまうんです。そうすると、アメリカの介入をどんどん深めるのか、それとも撤退した方がいいのかっていうジレンマに直面する。今のイラクは〈介入のジ

■ゴ・ディン・ジエム（1901-63）
いわゆるベトナム戦争前、北ベトナムに対抗して、反共・独裁体制をしく。アメリカとの関係が悪化し、63年に軍事クーデターで殺害された。CIAはこれを黙認。

レンマ〉まで進んでます。アメリカが支援できる主体が弱くなったところで、みっともなく撤退するか、それとも介入を強めて自分の言うことを聞かせるかっていうね。で、ブッシュがベーカー・ハミルトン報告を蹴っ飛ばして、増派に踏み切ったっていうのは、介入を深める方向に走っちゃったってことですよ。

酒井　そうですね。

藤原　それに冷戦期にはこれに加えて3つ目のジレンマがあります。〈紛争拡大のジレンマ〉ですね。冷戦時代には紛争が大きくなると、ソ連か中国が相手側の後押しをしてくる可能性が高かった。だから介入する場合、ソ連や中国との戦争を覚悟するのかっていう問題がいつも出てきた。ベトナム戦争にアメリカが兵隊を沢山送れなかったのは中国と直接の戦争になって、朝鮮戦争の二の舞になるのを恐れたからです。

酒井　そのソ連・中国が今はイランにあたるわけですよね。

――でもイランって、ソ連・中国みたいに、アメリカに対抗してイ

■**朝鮮戦争（50～53年）**
実質的には「韓国＋アメリカ」対「北朝鮮＋中国」の戦争だった。戦闘中のアメリカ兵の死者は約3万6千人。これほどの犠牲で休戦に持ちこまれたため、アメリカはベトナム戦争では中国と直接対決しないよう気を配らざるを得なかった。

ラクで代理戦争をさせられるくらい大きい国ですか？

藤原　いえ、強くも大きくもありません。だからこそ危険なんです。イランは中国などより軍事的に弱い。そこでアメリカは、イランと戦争になったところで勝てるかも知れないと考えてしまう。「勝てる」ではなくて、「勝てるかも知れない」っていう可能性のせいで、軍事的な判断が甘くなっちゃうんです。「イランなんてそろそろ核兵器作りそうだし、やってやろうじゃないか」って。冷戦期と違って、対抗勢力に中ソのような軍事大国がないので、こういう馬鹿げた政策が続いちゃうんです。

――今の時点で、イラン＝イラク南部連合軍と戦争するなんて、それこそ紛争拡大パターンですよね。

藤原　それがまずいという声はアメリカでも上がってます。だからイランをとりこんでイラクを抑えるっていう議論も出てくる。これは水面下ではやってるみたいですね。ところがイランをとりこむと、イランの核開発にご褒美をあげちゃうことになるし、イランの勢力拡大を後押しすることになっちゃいます。そこで、イランも敵視するっていうチェイニー副大統領の路線が出てくるわけ。何よりも「今、イラクから撤退したら内乱になってしまう。イラク人がどんどん死んでもいいのか」って言われると、イラクから撤退したい人も引いちゃうんですよ。同じ議論はベトナム戦争のときもありました。実際、ベトナムでは米軍が退いてから、北の部隊が南ベトナムに入っていって、大量の難民が出たし、人も沢山死にました。

「アメリカ抜きでやらないと納得いかないよな」

藤原　そこでね、酒井さんに伺いたいんですけど、「アメリカが退くと暴力が拡大するから、やっぱりアメリカはいた方がいい」という意見にどう答えます？

酒井　人道的には問題がある発言ですけど、イラクの混乱はたぶんアメリカがいない状態で、イラク人たちの間で「誰がいちばん強いのか」が納得できるまで収まらないと思うんですよ。それこそサダ

■米軍撤退後のベトナム戦争
　米軍撤退（73年）後も2年半ほど戦闘は続いた。76年に社会主義共和国となった後、78～79年の2年間で50万人超が難民となって国外脱出した。

ム・フセインがやったように「おれがボスだ。文句あるか」っていうところまで行かないと。中央政権なのか、群雄割拠の地方政権なのか、わかりませんが、そういう状態になるまでやっぱり混乱すると思う。

藤原　そこでシナリオはふたつありますよね。ひとつはそれぞれの武装集団がお互いに限界まで殺し合いを続けて、もうやめよう、手を引こうって収まるシナリオ。もうひとつは、どれが強いのかわからない状態で抗争が続いて、「おっ、こいつは強いぞ」というのが出てきたときに、次第にそれが有力者として地位を築いていくというシナリオ。

実は、混乱が長引くのは後者のシナリオなんです。前者なら結構早い。戦争で共倒れになるよりは勢力圏を確保した方がいいから、みんなで縄張りを決めて、シマ荒しは終わる。でもイラクだと誰がどれだけの力を持ってるかがはっきりしてない。まだ、お互いにシマを決めるっていう方向には動かないですよね？

酒井 動かないんです。さっき、スンナ派・シーア派ではなくて、革命・非革命って分けた理由のひとつがそれなんです。革命政権を認めるしかないっていう話になれば、たとえばスンナ派のなかでも、同じイスラーム勢力なんだから何らかのパイプを持てるんじゃないかとか、そういう繋がり方が出てくる。そうすると陣地の問題は関係なくなるけれども、ただこの交渉を進めるのは時間がかかる。

逆に地域ごとに、部族や宗派単位でシーア派のボスはこいつ、スンナ派のボスはこいつ、クルドでは……って治まっていって、ボス同士が「とりあえず、この勢力均衡でやっていきましょうや」ってなる方が早く治まるんですね。ただ、今の流れは革命路線だから、地域単位で治めていくという発想からは遠のいていってる。領土をめぐって対立するならネゴ（取引き）も可能だけど、頭のなかのことを巡っての対立ですからね。簡単に棲み分けで解決できない。時間のかかるパターンに流れつつあると。

藤原　酒井説をさらに延長すると、アメリカがいるから今の動乱が続いているんだっていう解釈も、たぶん正当じゃない。アメリカがいても、退いても、権力闘争はイラクのなかで展開するだろうということ。

酒井　ただ、反革命派は「革命派なんてアメリカ軍のおかげで政権をとったんじゃないか。アメリカ抜きでやり合ってみないと、納得いかないよな」と思ってますからね。アメリカ軍が退いた方が方向性が見えてくるのかな、とも思います。

藤原　そこで仮にアメリカが退いた場合、どのグループが有利になると思いますか。

酒井　やっぱり親イラン・グループのＳＣＩＲＩがいちばんでしょうね。そうするとスンナ派の側は「イランに抱えられた者なんてけしからん」って話になって、むしろアラブ性を強く出す形で対抗軸になりますよね。

アメリカはイランと戦争する気か

――ということは、アメリカがこのまま駐留しても、撤退しても、最終的には隣国イランがのしてきて、アメリカと敵対・対抗するってことになるんですか？

酒井　そうなんですよね。

藤原　イランがイラクに介入したいとすれば、戦略的な利益とか、資源の獲得ですか？　それとも宗教的正義とかいった観念や思いこみの方が先に来るんでしょうか。

酒井　おそらく正義の実現を考えてる理念型の人は、イランにもまだ沢山いると思います。とはいえ、かつてのイスラーム革命輸出路線ばりばりの頃から考えれば、「イラクがイランと同じようになればラッキー」程度の期待だと思うけど。ただ、将来また理念型が強くなる可能性もあるでしょうね。

もちろん利権も大きいですよ。イラクの南部の油田とイランの石油産出量を合わせると、サウジアラビアに匹敵する大産油国になれる。石油市場の支配力という意味で、パワーアップを目指してる人たちもかなりいると思いますね。

藤原　だからアメリカからすれば、

イラク内の親イラン勢力とイランが拡大すると、原油供給の点で、中東での権益を損なわれてしまう。核開発問題もあるし、イランとアメリカは、今、正面衝突に向かいかねない。

でもね、僕はアメリカがイランと戦争できるかは疑問だと思います。正規軍相手なら勝てても、「正義の人たち」、つまり急進化した一般民衆を敵にした戦いになったら戦略的なめどが付かないですよ。イランと戦えないことがバレたら足下を見られるし、戦ったら泥沼。そこはジレンマですよ。

酒井　でもイランと戦争しても勝てるだろうという判断は、今のブッシュ政権のなかで、ですよね。長期的にも続く発想なんですか。

藤原　続いてほしくないし、共和党のなかでも反対意見が出てます。でも、希望的観測の方を強めるような事件って、実際に起こるんですよ。今ならソマリアですよね。イラクと何の関係もないんですけど、去年(06年)、ソマリアでイスラム法廷（イスラーム派）が壊滅したことが、アメリカのイラクや

■**ソマリア情勢**　実際に07年4月、イスラム法廷勢力が大規模な反撃を開始、首都を中心にかなりの領域を奪還している。（藤原）

イランに対する強気政策に繋がったかも知れないんです。

ソマリアはイラクよりもはるかに長い間、権力真空が続いてて、ずっと軍閥が争ってた。その軍閥たちはなかなか統一政府を作ろうとしない。それぞれが消耗するなかで、イスラム法廷の影響力が広まって、去年、実権を掌握した。このイスラム法廷が草の根の支持を得ちゃったので、やっと軍閥が団結して、隣のエチオピアに介入を要請した。で、エチオピアが介入して——これは明確な侵略ですけど、一応、現地の政府が呼んだっていう話になっていて——ここでアメリカが関与したのはまず間違いないと思う。エチオピア単独では介入するリスクが高すぎるから、エチオピアが首都を征圧した直後、米軍がソマリア内のテロ組織を摘発したと言われてます。それでエチオピア側の電撃戦でイスラム法廷の解体に大成功したんです。この事件が「決然たる戦闘をすればイスラームの急進勢力なんて追い払える」っていう実績を作っちゃったんですよ。もっとも、この話はたぶん、まだ終わってない。長期的にソマリアに政府を作ろうなんて意志を持ってる主体がいないですし。エチオピアが退いた後に、また混乱が起こると思う。

それでもね、自分たちが戦争に勝ったってイメージはすごく大きいんですよ。最近アメリカが関与した戦争で、劇的な勝利で終わったのってソマリアしかないですから。

酒井　たぶんそのアナロジーで言うと、その現地イスラム法廷にあたるのが、イラクのシーア派の革命政権なんでしょうね。ベーカー的な発想だと、それを叩きつぶすためにアメリカは周辺国も含めてスンナ派を結集させる。ただ、決定的に弱いのはエチオピアにあたる存在がないことですよね。ソマリア・パターンを実現しようとすれば、アラブ勢力も巻きこまなきゃいけない。ベーカー報告はサウジアラビアだのを巻きこむつもりかも知れないけど、それはものすごく大きな夢物語なんですね。絶対勧誘できない。しかもそれをやってしまうと、イラン対アラブっていう構造が完全にできてしまう。そこにシーア派対スンナ派っていう対立軸が乗っかって、紛争拡大のパターンにしかならない。決着要因には全然ならないです。

「イランが来るぞ、来るぞ」

——これ、どこまで広がるんですか。

藤原 今日のテーマ、イラクから世界は壊れていくのか、ですか？ イラクの崩壊はまだまだ進みそうですよね。でも今のイラクの状態が中東全域に広がるかと言えば、アメリカがイランに戦闘を仕掛けない限り、そういうことにはならないと思う。

酒井 今、アラブ世界では「イランが来るぞ。イランが来るぞ」っていうイラン脅威論はもう蔓延してるんですね。それで「何とかしなくちゃ」みたいなムードはある。でも、結局誰も介入できないし、しようともしない。これまではパレスチナだって悲惨な状況だけど、誰も介入できないから、フラストレーションを溜めた若者があちこちでテロをやってたわけですよね。どんどんそういう状況が深まっていって、何もしない政府、何もしない周辺国に対して、大衆レベルの反発と突拍子もない行動が高まっていく。そういう形の壊れ方でしょうね。納得いかない若者がインターネットで「おれも参戦するぞ！」ってあっちこっちに飛びかう。

藤原　そうなんだけど、それがパレスチナとイラク以外の中東に急速に進むと思います？

酒井　いや、体制ががらっと変わる、みたいなことはないですよね。

藤原　ないんですよ。エジプトやサウジアラビアの政権が崩壊するような情勢ではない。中東以外の世界の人にとっては無視しやすいわけ。

酒井　そうです。不幸な状況です。

――その間に中東の石油王たちはユーロを買い漁ったり、砂漠に巨大なタワーとかリゾート・ホテルを建ててますよね。そんなことしてる場合なのか、という気もするんですが、たとえば中東半島でとりあえずまとまっておこう、みたいな地域連合への動きはないんですか。

酒井　たぶん昔はアラブ連盟っていうのがそういう機能を果たしてた。アラブ連盟もみんな独裁で、「ボス交」で、「まぁまぁ、足並み揃えていきましょうね」っていう。イスラエルに対する対抗軸っていうのも共有されてて、「イスラエルとは交渉しない。みんなでボイコットをしましょう、パレスチナを応援しましょう」っていう共通理解があった。でも湾岸戦争あたりで、イラクにつくか、サウジにつくかをめぐって割れちゃったんですね。

前までは産油国のリッチな連中は浪費するよりも、パレスチナに資金援助もしてたんですよ。ところが湾岸戦争の頃にパレスチナ人がイラクを応援して、クウェートに刃向かってしまったと。それ以降、もうパレスチナ人に面子を立てなくていいやって、産油国は好き勝手にカネを使ってもいいってなっちゃったんですね。それと、昔は金持ちも、アラブ、イスラームとしてまとまる振りをしなければいけないっていう幻想があった

■アラブ連盟
　第二次大戦末期に発足。アラブ民族主義によるアラブ統一を目指したが頓挫。イラン・イラク戦争ではイラクを支持したが、湾岸戦争で分裂し、多くの国が対イラク戦に参戦。

から、ほかのアラブ諸国や、欧米のムスリム協会みたいなのに資金支援したりしてたんです。だけど今はそこがバラバラになっていて、不満のある若者はイスラームの共同幻想を強めて、テロに繋がっていくと。

夢を諦めないアメリカ

――中東がもうバラバラでいいやって開き直ってるとすると、やはりアメリカが要になるはずですが、アメリカは……。

藤原　アメリカの政策当局者は、これがイラクの民主化の始まりであって、イラクをモデル・ケースとして、中東に民主化のドミノが起こるという希望を捨ててないと思いますよ。

酒井　えーっ、〈民主化のドミノ〉ってまだ言ってるんですか(笑)?　でもその「民主化が成功した」っていう発想は、どこまで行けば諦められるんですか。民意で選ばれた今の政権をチャラにするっていうぐらいやらないと、たぶん今の状態は……。

藤原　酒井さんは今の革命政権がイラクの民意で選ばれたって考えてるでしょ。でもアメリカ政府から見れば、暴力で民衆を脅し続けるグループがデモクラシーを脅かしてる、っていうふうに見える。

酒井　だってちゃんと選挙をやったじゃないですか。「デモクラシーの勝利だ！」ってマリキ首相を持ち上げてましたよ。たった半年前ですよ！

藤原　マリキ首相には不信がつのってますね。アメリカにとって現実の政治制度としての「民主主義」と「アメリカン・デモクラシー」は違うから。イスラーム社会で選挙をしたら、急進的なイスラームが政治権力を握る可能性がある。これはリアリストも地域の専門家も指摘してきた。でも、一般的なアメリカ人は「それは本当の民主主義ではない。テロリストもどきが自由な選挙で選ばれるはずがない。選挙がどこかで間違っていたはずだ」と考えてしまう。

この辺の感覚は日本だとわかりにくいんだと思うんですね。日本では「アメリカの狙いは石油とイスラエルだ」って言うと、誰もが納得するんですけど、「本気で民主化なんだ」って言うと、そんなバカなことを信じる人間が世界にいるのかって顔をされる。

でもこうやってアメリカで民主化の意識が残ってる限り、イラク政府が革命政権であることが明確になるにつれて、ワシントンはイラク政府に圧力を強めることになるでしょう。「急進派を追い出さない限り、おまえをつぶすぞ」って、最後にはイラク政府転覆まで行く可能性さえ無視できない。

――せっかく作った政権をまたアメリカがすげ替えるんですか？

酒井　ブッシュは「抑えられなければ支援を止めるぞ」って演説してましたね。アメリカがいなくなったら今のマリキ政権はつぶれますよ、全とっかえするぞ、って話ですよね。

藤原　そうなんです。結局アメリカの直接統治に限りなく近づくことになる。イラクから手を引きたいのに、手を引けるようなイラクを作ろうとして、かえってズブズブになっちゃうわけ。

ヒラリー大統領でも「中東民主化」の夢は続く

――ヒラリー・クリントンは「私が大統領になったら、正しいやり方でイラクを収拾させます」って言いましたね。アメリカの政権が民主党に変わったら、この民主化路線は変わるんですか。

藤原　最終的にはブッシュでもオバマでもヒラリー・クリントンでも、米軍を一ヵ所に集中させた状態を続けることはできません。だから、いずれは撤退せざるを得ない。問題はそれがいつになるかっていうことだけですよね。でも撤退に追いこまれたとしても、〈民主化〉って言葉は使い続けると思う。「民主化のために我々ができることはやった。後は自分たちでやりなさい。独裁になったら君たちの責任だよ」。あるいは「デモクラシーは優れた文明のなかでしか生まれない、デモクラシーにふさわしくない人たちによい政府を作る能力があると考えたアメリカ人は、いつもながら理想主義的であった……」と言って撤退する――言ってるだけで、気持ち悪いね。

酒井 はははは！ ベーカー報告もそういう感じでしたよね。「私たちの手には負えない。あの人たち勝手に宗派で殺し合ってる！」って。

――アメリカはどこまでいけばその大義を諦めるんですかね。

藤原 戦費は問題視されつつありますけど、まだ米兵の犠牲者の数がベトナム戦争に較べれば少ないですからねえ。

酒井 12月は118人も死んでましたよ。

藤原 それでもまだ少しずつって感じなんですよ。ベトナム戦争とのアナロジーは危険ですけど、アメリカ兵だけの死者数ならばベトナムで北爆を始めた60年代の中頃の状態にもまだいってないんです。

――まだ、休戦まで6、7年かかる計算じゃないですか。イラク人はもっと犠牲になってますよね。

酒井 もちろん。死者数に幅があるんですけど、これまでに10万人以上は亡くなってます。アメリカからの攻撃と国内のテロの両方でね。

■ベトナム戦争の米兵犠牲者
ベトナム戦争は広義には1954年〜73年、その間の米兵の死者は約5万8千人、負傷者約15万人。アメリカが大量の戦闘部隊を投入し、北爆を始めたのは65年。

■イラク戦争の米兵犠牲者
03年（3月〜）481人、04年860人、05年845人、06年814人、07年4月末まで331人。合計死者3、424人、負傷者25、549人（07年5月24日現在）。ほかの戦争では、第二次世界大戦（41〜45年）＝約40万5千人、朝鮮戦争（50〜53年）＝約3万6千人、ベトナム戦争（64〜75年）＝約5万8千人、湾岸戦争（90〜91年）＝382人である。すべて国防総省発表。

藤原　イラク人同士の争いでの犠牲がこれからどんどん増えるんでしょうね。

アメリカの愚かさと世界に対する無関心

――と、ここまでのお話は私は実は開戦前にも伺っているんです。アメリカはイラク戦争には勝つ、でもその後はおそらく内戦みたいになる、で、アメリカは「イラク人は民主化できない遅れた人たちだから失敗した」って言って、去っていくだろうっておふたりとも戦争前におっしゃっていて。まさに藤原さん、酒井さんの予言通りに進んでしまいましたよね。藤原さんと酒井さんはそれこそテレビで〈イラク反戦派〉という枠のなかで話をされていて。でも反戦派がどうしたではなくて、分析がいちばん正確だったのは結局、藤原さんと酒井さんだったじゃないか、と思ったんですが。

藤原　ええ、言ったんですけど、それその通りになったとすれば、それは政策を決める人が愚かだからです。僕は最悪事態を予測してるだ

■**イラク反戦派**　日本での中東専門家はいずれも開戦のリスクを指摘していたので、とくに酒井氏だけが慎重論を展開していたわけではない。もっとも国際政治学者は開戦賛成派と慎重派にはっきりと分かれた。「イラク問題について米国の立場と行動を支持する」という緊急提言アピールをしたグループもある。

けで、最悪事態になる前に政策を変えりゃいいわけ。だけど変えなかった。

酒井　イラク人の間でもよく言われてた。1ポンドの肉を切りとって、まったく血が出ないっていうやり方はあり得ないだろうって。あり得ないのに、アメリカはやると言ってる。それを100回ぐらい言われたら何かできるような気になってしまうと(笑)。

藤原　根本的にはイラクに対する無関心があるんですよ。いろんな戦略的な関心、利権に対する関心、イスラエルに対する関心の投影はあるんだけど、現場の状況・動きに無関心で、それがこれだけ愚かな政策を支えちゃうんだと思いますよ。

フセイン政権が続くべきだったとは思わないけれど、戦争という手段をとる必要はなかった。権力の真空は、独裁政権を上回るほどの悲劇を作るんです。記録のために、私はこの戦争は要らない戦争だったということをもう1回言っておきたい。

——酒井さんは？

酒井　いや、もう、こういうことになる戦争でしかあり得なかったわけですよね。フセイン政権転覆は必要だったけれども、戦争という手段だと弊害の方が大きい。

――9・11で、ブッシュが大統領でなければここまで壊滅的なことにはならなかったんですか。

藤原　アフガニスタンの戦争はアル・ゴアが大統領でもやったでしょう。でも、ゴアだったらイラク戦争はやってないと断言できますね。フセイン政権とお互いにちょっかい出し合ったでしょうけど、政権を変えるまではしなかったと思う、リスクが高過ぎるから。

――暗澹たる気持ちになってきたんですが、今、イラクの一般の人たちは何を求めてるんでしょうか。

酒井　治安改善しかないでしょう。とにかく嵐が収まるまで頭低くしているか、逃げ回っているしかない。一方で、革命政権で陽の目を見たと思ってる人たちはここぞとばかりに頑張っちゃう。ただ、悪い材料ばっかり増えてるんですよ。最初はイスラエルしか敵がいなかったのが、アメリカが出てきて、

■**アル・ゴア**
00年11月の大統領選挙での民主党候補だったが、共和党ブッシュに敗退。現在の関心事は環境問題。

今度はイランまで出てきそうだから。中東の政府がそれぞれ「こんな状況のなかで民主化なんて言ってられるか」って、締めつけが厳しくなる材料だけはどんどこ出てる。

藤原　中東民主化って言って、実はその芽を摘むようなことをしてるんです。

——だから中東って、単純に争うための材料というか、エクスキューズを減らせばいいわけですよね。

酒井　そうですよ。

——材料を減らすにはどうすればいいと思いますか。

酒井　本来ならば、イスラエル問題を解決して、アメリカが関与を減らして、イランが勢力を拡大できないようにすればいいんですよ。

——今、酒井さんが言われたのは、もう究極の正解ですよね。いつも不思議なんですが、それをアメリカで考えてる人はいないんですか？

藤原　もちろんいますよ！

酒井　みんな言ってるんだって。

藤原　アメリカの中東専門家も、国防省の地域専門家も大変な知識持ってますよ。問題は、政策を決定するサークルは、中東のことをよく知ってる人たちのことを「中東の代弁者だ、その土地の考え方に染まった人だ」という色眼鏡で見がちなんです。そういう代弁者を外さないと本当の政策はできないと思いこんでいる。

——では、酒井さんが考える、「こうなったらいいなあ」って何ですか。

酒井　こうなったら革命政権が行くとこまで行くしかないですね（苦笑）。そうすると周りのアラブ諸国は反仏同盟になっていく。

——イラクはナポレオンの到来を待つということですか。藤原さん、打開策はありますか。

藤原　今は火が広がっている状態なので、まず拡大を止めることですね。国際環境で言えば、イスラーム急進派をおそれるアラブ諸国との連携をまず固めたうえで、イランとの交渉の機会を作り、イランの安全を保障するのと引き換えにイラクへの関与を抑えこむ。それでも権力が破綻した地域では短期的な解決はありません。武装勢

■反仏同盟
18世紀末、フランス革命政権に対して英・独・墺などが結んだ、要するに危険な革命政権を包囲する同盟。ナポレオンはこれに対して戦った。

力が孤立するまでイラク国内の混乱が続く覚悟は必要でしょう。イスラーム諸国や国連の関与はその後でないと難しいと思います。

08

イラク戦争の教訓、そして未来

２００７年５月21日

あまり指摘されていないが、「イラクの泥沼化」をめぐる報道では日本と欧米の間にはズレがある。日本では「戦後の混乱」、つまりこの戦争は「終わったもの」として語られるが、欧米の報道では「イラク戦争」という言葉が使われる。この戦争は現在進行形で報じられているのだ。

いったい、戦争は終わったのか、終わっていないのか。なぜ、日本の戦争観は欧米と乖離してしまったのか。最後に、２００１年９月11日に始まった歴史のなかで、帝国アメリカは何を得て、何を失ったのか。その結果、世界はどう変わり、それは次の世界をどこへ向かわせるのか。

「戦闘終結宣言」からちょうど４年後に訊いた。

ここで提示される現実と未来像は本当に陰惨だ。しかし、９・11後、目の前の苦々しい現実を受け止めなかったために、今の不幸が生まれた

とすれば、我々にこれを直視する以外の選択肢はあるだろうか。

戦争責任を問い始めたアメリカ

——この間、イギリスのハリー王子のイラク派遣が中止になりましたね。あのときBBCは「イラク戦争で」って言ってたんですね。日本では戦争は終わったという前提で報道されているんですが、イラク戦争って終わったんですか、それともまだ終わってないんですか。

「もちろん戦争は終わってません。それどころか拡大していて、しかも明らかにアメリカが負けつつあるというのが僕の認識です。そしてアメリカ人もこの戦争は負けている、と考えるようになってきています。ちょうど昨日(5月20日)、ワシントンDCから帰ってきたんですけど、空気がこれまでとははっきり変わってました。

去年（2006年）の秋の中間選挙で民主党が上院と下院の多数派を

■ハリー王子のイラク派遣断念事件
陸軍に所属するハリー王子（チャールズ皇太子の次男）はイラク派遣を希望していた。だが、現地で過激派の標的になる恐れがあり、所属連隊全員の安全が確保できないことを理由に、07年5月、国防省が希望を見送った。

取り戻した。それでブッシュ大統領は議会の承認なしには何も決められなくなったわけです。今のワシントンでは、次の政権はオバマでもクリントンでも、とにかく民主党だろうという了解ができてる。それから、イラクはもう勝てない、ということもほとんど共通の了解。さらに、多少、ご都合主義な言い方だと思いますけど、イラクの戦争ではわたしたちはブッシュ大統領に、チェイニー副大統領に騙されていた、という話をしてますね」

——国防副長官だったウォルフォウィッツも世銀総裁をクビになりましたね。

「ええ、辞任の直接的な理由はガールフレンドを厚遇したことですけれど、もちろん戦争関係者ということが背後にあって、非常に強い反発を受けていたからですよね。彼は2001年の9月15日に、サダム・フセインとアルカイダの間に繋がりがあるらしい、だからイラクを攻撃しよう、と進言していた。でも戦争が苦しくなって、世界銀行に総裁として追放されたんですね。そしたら世銀からはもう総スカン。僕は彼が辞めた日にちょうどワシントンの世銀のあたりにいたんですが、世銀のスタッフみんなが青いリボンをつけて『ウォルフォウィッツ辞めろ』って大団結してました。

戦争に責任がある人で辞めそうなのがもうひとり、アルベルト・ゴンザレス司法長官ですね。9月11日からイラク戦争までのアメリカの人権侵害にハンコを押した張本人みたいな人です。この前、自分の責任を認めましたから、もう辞めざるを得ないでしょう。

ワシントンの雰囲気がたった1年でこんなに変わるのかって衝撃的でした。政権の要職にあったような人たちも『戦争責任』とか『戦争犯罪者』と口走ってるんです。ベトナム戦争とのアナロジーがもうはっきりしていて、早く撤退した方がいいという方向に動いてます」

■青いリボン
ウォルフォウィッツが世界銀行総裁になった折、当時、世銀スタッフだったガールフレンド（＝不倫相手）を国務省に異動させたが、その際、彼女の給与を規定以上に引き上げた。世界銀行は「グッド・ガバナンス（公正な統治）」を条件に第三世界に融資をする機構だが、ウォルフォウィッツでは機構自体に公正な統治ができないとして、スタッフ有志が辞任を求める意思表示として青いリボンをつけ始めた。また、ヨーロッパ各国が辞任要求を出すなか、日本は同調しなかった、と報道されている。

■ゴンザレス司法長官
本人の同意なしにメールを見たりなどの諜報活動や、グアンタナモ収容所にテロ事件の

イラク戦争は誰が、どう終わらせるのか

――本当にベトナム戦争そっくりですね。あの時も現地の状況が好転したからでなくて、あくまでもアメリカの国内事情で撤退して、その後ズルズルと紛争は続いた。とすると「このイラク戦争は終わりました」っていうのはいったいどこで、誰が、どう決めて、どう責任をとるんでしょう。

「(笑)大変いいご質問だと思います。まず今、民主党は自分たちが政権党でないという立場を前提に撤退提案を出してます。でも政権とったときにほんとに引けるかは別問題です。アメリカ軍がいても引いても混乱は収まらないですから。だから、その質問の答は、アメリカとイラクの戦争はアメリカが撤退するという形で終わる、でもイラク内の政情不安はちっとも終わりません、そういうことでしょうね」

容疑者を集め、アメリカでは非合法な拷問を加えるなどの人権侵害が濃厚な行動にゴー・サインを出した。

■ベトナム戦争の終わり
米軍は73年に撤退したが、ベトナム=カンボジア地域での戦闘と混乱はその後20年近くは続くことになる。

──誰も責任をとらないわけですか。

「本来は戦争って、国家と国家の間の紛争が条約によって終わる。〝勝った〟側が賠償を取ったり、領土を取る。それでも負けた側の政府は存在する、というものですよね。ところが今回は相手の政府を壊して、そのあと統治能力がない政府になっちゃった。これではそう簡単に終わるわけないんです。イラク戦争は政府を壊した戦争だったんです」

アメリカはイラク戦争を〈解放戦争〉と考えていた

──結局、フセイン政権を倒す、政府を壊すという目的が間違ってたんですか。それともそのために戦争という手段をとったのが間違いだったんでしょうか。

「両方とも間違ってたんですよ、目的も手段も。流れから言うと、第一次湾岸戦争からつながっていて、つまり、湾岸戦争でフセイン政権を倒さなかった。その後、フセイン政権はいわば条件闘争を始めたんですね。空隙を縫っては自分たちの権力をもとに戻そうとする。クリントンはそれに対して限定的な空爆とかもやりましたけど、これがイタチごっこになってしまった。経済制裁の部分緩和も『オイル・フォー・フード』（食料支援と引き替えに石油輸出解禁）という形で、主にロシアとフランス相手に経済取り引きも再開しちゃった。そうすると下手をすればフセイン政権が国際的に承認されて、前よりも強くなりかねない。そこをどうするか。

ブッシュは政権をとった直後、イラクを空爆してます。でもこれはクリントンと同じなわけ、クリントンはずっと時々空爆するってことをやってきたんだから。フセインがどんどん力を蓄えてるんじゃないか、フセインを潰さなければこれは解決できないんじゃないか、そう言ってたのがウォルフォウィッツだった」

——そこだけ聞くと一理あるように見えるわけですよね。それで戦争し

■オイル・フォー・フード計画
経済制裁下のイラクで、石油の輸出と引き換えに、食料・医薬品などの人道支援を受け取れるようにした政策。国連の主導で95年から開始。ただし、イラク戦後、実は石油輸入企業（主に中東とロシア）が多額のリベートをイラク政府に支払っていたこと、仲介として国連職員が絡んでいたことなどが発覚。大スキャンダルとなった。

たら国を壊しただけだったという。

「ええ、ウォルフォウィッツは学者で、理想主義者なんですね。フセインを倒さずにいたことに良心の呵責を感じてたみたいな。

でも、こういう理想主義者は政権を握ってはいけないんです。戦争というのは具体的なリスク、コストを考えて行動する人たちのための政策であって、偉大な目標のために戦争が必要だなんてやり始めたら、戦争に対する限定がなくなってしまう、一番しちゃいけないことです」

――あの、私はこの4年、いろんな陰謀論に抵抗してきたんですが、ウォルフォウィッツの公私混同辞任の一件で、もしかしてネオコンはやっぱり理想よりも私利私欲だったのかな、と思い始めてきたんですけど。

「いや、ウォルフォウィッツは私利私欲じゃなくて、自分がいつも正しいと考えるイデオローグなんです。私利私欲の人って自分が儲からなくなったらやめるでしょう。ところが原理原則の人は自分の原理のためにはいくらでも人を殺しますよ。実際に起こってることが、剝き出しの私利私欲にもとづいてたとしても、理想の拡大だって勘違いしてる人はいるわけでしょ。そういう人の方が危険なんです。

たとえば19世紀末のアフリカ分割はどう考えたってイギリスとフランスが競争してアフリカを植民地にした事件ですよね。でも、これが行われているさなかには、『おれたちヨーロッパ人は、アラブの奴隷商人によって虐げられているアフリカの民を解放するんだ』って宣伝されてたし、それを本気で信じてた人もいたんですよ」

——それは大東亜共栄圏と同じ理屈ですね。

「ええ。ベトナム戦争だってそうですよ。北ベトナムの共産党政権も、南ベトナムの解放勢力もとんでもない残虐行為を行ってました。で、世界にデモクラシー広めるのがアメリカの使命だ、見過ごしていいのかって言われたら『そうだ!』って思うでしょ。それで共産化のドミノに対抗しようとして介入しました。でもベトナム戦争は政策として間違ってたんです。

要するに、独裁政権から民衆を解放することの何が間違ってるんだ？　っていう一般論で問いを作っちゃうと答えようがなくなるでしょ？——という問題です」

——じゃあ、イラク戦争ってイデオロギー戦争だったんですか？

「そうですね。湾岸戦争でフセインを倒せなかった。その後、中東で不安定な状態が続いてしまった。それが直接のきっかけです。でもそこで相手の政府を変える戦争をやるっていう解決法を選んじゃったのは、結局、民主化イデオロギーですよね。

で、この理想主義的なイデオロギーに9・11での恐怖が加わったわけですね。アメリカでも、海外の軍事介入は基本的にはそれほど支持されない。『理想もけっこうだけど、何でアメリカ人が犠牲にならなくちゃいけないんだ』って考える。でもそういう現実的な人たちも9・11で黙らざるを得なくなった。

でも、恐怖の対象ってとても曖昧なんです。非常に大きいって言われたら、そうなのかなと思っちゃう。サダム・フセインが本当にアルカイダと関係があるかわからないとしても、『でも関係あったらどうすんだ？それでまたテロ起こされておまえそれでいいのか』って反論されたら黙らざるを得ない。恐怖がテコになると、どう見ても不合理な政策でも受け入れられちゃうんですよね」

国民も共犯者

――今回、うわあ、と思ったのがアメリカでみんなが自発的に戦争に向かっていったことなんですね。マスコミも積極的に加担して、国民も積極的に大義を信じた。別に軍国主義者に強制的に信じこまされたわけではない。全体主義の恐怖って古臭い言葉だから嫌いなんですけど、なるほど〈大本営発表〉ってこういうことかと。戦争って常にこういうものなんですか。

「いや、この戦争は明らかに異例です。それは9・11事件のせいで、報道に対する極端なシャットアウトが実現した。シャットアウトだけじゃなく、アフガンでもイラクでも従軍報道にメディアを誘いこんで、メディアぐるみの宣伝を展開しちゃった。それを国民は毎日、テレビで見るわけ。勧善懲悪の物語、まさにハリウッド映画に作り替えたわけです。で、国民の方もFOXニュースを見てたほうが楽しいんですよ。現実には客観的な報道だって出てたんです。でもそれは〈アメリカの勝利への道〉という話にならないから楽しくない。それに自分たちが騙されてるとか、戦況はもっと悪くなってるとかも見たくないでしょ。それで国民が政府が提供するメディア工作に嬉々として乗ってったんですね。

そういう意味じゃ、国民も共犯者なんですよ。ほんとにそう思う。つまり政府が騙してる以上に、国民が自分で自分を騙したがってたんです。そのくせ今状況が変わってくると、騙されていたんだって被害者のふりをするでしょ。自分が自分を騙してたことに目を向けないんでしょうね」

■メディアは国民が喜ぶことを伝えた

ニューヨーク・タイムズのコラムニスト、フランク・リッチは『THE GREATEST STORY EVER SOLD(売りつけられたもっとも偉大な物語)』(Penguin Press HC)で、この戦争はメディアに作られた幻像だったと論じている。たとえばFBIは9・11事件の前に、アメリカ国内で飛行機の操縦訓練をしている人物がテロ活動をする可能性がある、という意外に正確な情報をつかみ、政権に助言していた。だが、後にそうした政府の無能が暴露される情報が出ると、報道官カール・ローブがその反対効果を狙うニュースを意図的に流していたという。

――それ、他人事じゃないですね。藤原さんは「ゴアだったらイラクはさすがにやらなかったでしょう」っておっしゃってましたよね。

「やらなかった」

――だから、大統領をゴアにするか、ブッシュにするかっていう選択の機会はあったわけですよね。

「そうです」

――大統領選挙の一票には意味があったってことですよね。

「もちろんありますよ、ええ」

――じゃあ、あのとき、ブッシュを選んだ人にも責任あるじゃんと思ったんですが。ブッシュはもともとイラク戦って言ってたわけですから。

「ブッシュを再選した人はもっと責任があると思う(笑)」


――こんな戦争、やらなきゃよかったんです。それだけです

――イラク戦争はいらないと、先生は開戦前にもおっしゃってるんですけども、要するに失敗した政策ですよね。

「もちろん」

――じゃあ、他にどうすればよかったんでしょうか。

「簡単です。こんな戦争、やらなきゃよかったんです。それに尽きるんですよ。実際、大量破壊兵器がないことはわかりつつあったわけでしょ。査察が成果を収めたわけでしょ。フセインはそんなに脅威じゃなかったんでしょ。大変けっこうじゃないですか」

――フセインの人権抑圧を放っておいてよかったのかって言ってる人、まだいますよね？

「だ・か・ら、それがウォルフォウィッツたちが言い続けたロジックですよね。そういう人は独裁政権は外から戦争で倒すべきだという理想主義的な立場を貫き通して、その招いた無惨な結果も見てもらいたいと思う。それは思ってるほど簡単じゃないってことは証明されたじゃないですか。

非常に残念なことですけれども、戦争によって相手の政府を倒すという政策には、大きな大きなジレンマがあるっていうことなんです。リスクもコストも高くて、そんなに簡単にできることじゃない。そう考えたら何ができるのか。戦争しなきゃいいんです。それだけです」

――それはフセイン退治だって必要なかったっていうことですか。

「フセイン政権をどのように倒すのかは難しい問題でした。イラク専門家の酒井啓子さんは、戦争という形ではないにせよ、あの政権は倒れるべきだったと考えるだろうし、その立場は僕は正当だと思う。

ただ、問題は、倒れるべき政権を外から倒そうとすると、結局戦争以外の方法はないんですよ。で、そうでない方法はイヤな話になる。外からその政権の統治がよりお手柔らかなものになるよう力を行使するやり方ですよね。でも、これをやると逆にその政権が強くなるというジレンマがあるんです。

たとえば今、北朝鮮に対しても我々はその問題を抱えてますね。金正日体制が攻撃的な姿勢を緩めるんならご褒美をあげますよ、という考え方は金正日体制が続くという前提に立ってます。で、金体制は確かに倒れたほうがいい体制です。ただ外から戦争で倒す場合は、犠牲が非常に大きいことは覚悟しなくちゃいけない。

結局ね、現実の選択の問題なんです。理念として正しいことであっても、現実に政策にした場合に犠牲があまりにも大きいときには、それを断念するほかにない、いや、断念しなければならないと思います」

〈アメリカは正しい〉と考えるのが日本の〈現実主義〉

――イデオロギー戦争を始めるというのは人権と人命を天秤にかける、それくらい重い決断だと。今回、印象的だったのが日本の論壇なんです。アメリカの論壇では戦争賛成派はネオコンと保守派、あと過剰な合理主義者とかでした。でも反対派も多かったわけですね。それは「どの戦争も反対」派じゃなくて、「この戦争には反対」派と言うんでしょうか、軍人から国務省の官僚もいたし、諜報機関のスタッフ、国連の専門調査官、リアリスト派の国際政治学者も反対してました。

「してましたね」

――でも日本だと、私は軍事通です、国際事情通です、みたいな人があまり批判していなかった。欧米ならば「反対派」に属してた人種がしてなかった。

「そう、この戦争に反対って人が日本では少なかった。アメリカの外交の議論の中心は外交評議会ですけど、『フォーリン・アフェアーズ』はもうほとんど毎号のようにイラク戦争に批判的な論文を載せてましたよね。ぼく、今回わかったんですけど、結局、日本での〈現実主義〉というのは、〈アメリカがすることが現実だ〉っていう〈現実主義〉なんですね」

――ははははは。イエスマンじゃないですか。

■外交評議会
隔月の外交問題専門誌『Foreign Affairs』を発行している。政策担当者も寄稿している雑誌で、アメリカの政策担当者の思考と着目点がわかる。読者は主に党派を超えた政策エリート。日本では月刊『論座』と『フォーリン・アフェアーズ日本語版』で読める。

「アメリカがこの戦争をするぞっていうのは02年くらいからはっきりしていた。日本の安全はアメリカなしでは達成できない。だからアメリカが戦争をしたがっているなら、賛成するほかに選択肢はない。アメリカが愚かな政策に走ってもついてくしかない。それが〈現実主義〉だ(笑)。だからこれ以上、議論しないんです。戦争の是非というのは机上の空論だし、イラクで戦争をすると国際政治秩序がどう変わるのか、なんて議論はもうしない」

――あの、同盟関係っていうのは、相手が何をやっても義理立てして、賛成しなきゃいけないっていう関係性のことではないですよねえ?

「まあ、今の日本ではそういう意味になったような(笑)。いえ、同盟って本来の意味では、もちろん条件つきに決まってますよね。たとえばロシアが脅威だから、それを抑えるためにオーストリアとドイツが手を結びましょうと、これが同盟ですよね。でも、このときのオーストリアはドイツのアフリカ政策に全部賛成するなんてこと、現実になかったでしよ？　同盟の目的は対ロシア対策って限定されてるんだから」

――そうですよねえ。

「日米同盟は、日本にとっては、日本の安全のためにアメリカを使うという同盟なんですよ。そのなかで日本は極東で同盟国としての責任を分担することになってますよね。

で、これは日本で言われてるほど一方通行の関係じゃなかったんです。冷戦期なら自衛隊の協力がないとアメリカはアジアで動けない。アメリカは日本の意見を無視して行動はできなかった。だからこそ日本が9条を旗印に、いろんな条件をつけて言うことを聞かなくても、アメリカは正面からは文句を言えなかった」

――ただ、そこが冷戦後、変わりつつあるのは事実ですよね。

「ええ、アメリカの戦略の優先順位と日本の防衛との間にズレが出てきた。日本を守ってもらうためにアメリカにお願いしなくちゃいけなくなってきた。それが背景にあって、今の日本政府みたいに、極東の範囲を

■日米同盟は日本がアメリカを使う同盟
「こう言うとアメリカは嫌がるでしょうね（笑）」（藤原）

超えたアフガニスタン、イラクまで同盟国としての責任でっていう話になったんですね」

――日本は逃げられる側だから、必死にラヴ・コールを送っているという。だから選択を迫られてるのは確かなんですかね。

「今、出されてるシナリオはふたつですよね。どっちに向かうか状況によると思うんだけど、ひとつは今、言ったように、アメリカを繋ぎ止めるために日本はどんどんアメリカの政策に、極東の外であっても協力していくんだ、という立場。

もうひとつは、アメリカのアジアでの役割は相対的に小さくなっていく、ってことは、日本がその分、埋めりゃいいっていう考え方で、日米協力を強めるのと日本の軍事的なプレゼンスを各地で拡大することをセットでやる。もちろん中国と北朝鮮を狙ってる話ですよね。その意味でいわば今は試運転ですよね。〝本来の〟日本の軍事大国としてのプレゼンスを実現するために、日米同盟の枠のなかでも積極的に協力して、行動

■日米安保の変化
3章、5章参照。

範囲を広げた方がいいっていう考え方ですよね。これも理屈では成り立つんですけど、ただ多少希望的な観測だと思います。だってまともな戦争をしたことない軍隊が一人前になるまでにはまだまだ沢山戦争しなくちゃいけないと思いますから」

――自衛隊はこれからどんどんどん実戦で練習させられる、という。話がどんどん怖くなるんですが。

「ずいぶん前からそう言ってる出来事でございます」

――〈絶対好戦主義〉vs〈絶対反戦主義〉の限界

――いや、イラク戦争の報道と議論を見ていて、今後、日本がどっちの道をとるにしても、不安になりましたよ。ずいぶんヘンテコな議論が出てたじゃないですか。たとえば北朝鮮問題で守ってもらうためにとにもかくにもアメリカのやることには賛成するんだ、という理屈。あれは密約か何かがあったんでしょうか？

「全然全然、そんなものないですよ」

――ただもう結果が出ましたよね。今のアメリカは北朝鮮問題で、特に拉致問題についてはリップサーヴィス以上のことはしてない。っていうことは間違った期待と予測だったわけじゃないですか。

「アメリカが日本の要求と違う立場をとってることは、たぶん日本の人たちは、よく知ってると思います。だけどそれを正面からあまり議論してないですね。アメリカって冷たいなあと思って、でもそれをあまり大声で言うと自分たちが傷つくから、黙ってるんでしょうかね。

湾岸戦争のあと、クリントン政権時代に日米の貿易紛争がありましたよね、数値目標とかの。あのとき、湾岸戦争に協力しなかったから、クリントンが意地悪してるんだとか言ってた人がいたんですけど、そういう問題じゃないんですよ、現実に貿易問題で摩擦があったわけで、湾岸戦争での態度とは別。結局、アメリカをひとつの人格と見て、すべての

■自衛隊派兵と北朝鮮問題のディール

「何度でも言いますが、北朝鮮がアメリカの政策でどれだけの意味を持つのかは、アメリカが決めることであって、日本がアメリカの安全保障政策の優先順位を変えるなんてあり得ません。内政干渉もいいとこですよ。そんな思い上がった態度を認めるような立場にアメリカはいません（笑）」（藤原）。4章、5章も参照。

■アメリカをひとつの人格と見る

――自衛隊派兵しなかったらアメリカにもっと冷たくされた、という見方もありますよね。藤原「はいはい。冷たくはされるでしょうが、別に温かくても、北朝鮮で協力してくれるわけじゃないです」

問題を結びつけて考えるような判断自体が現実からズレてるんですよ」

——そうですよね。あと「大量破壊兵器はまだ見つかってないだけです！」ってずいぶん後でも言ってた分析屋さんもいました。「この戦争は正しい。アメリカは勝つ！」と言い続けた分析力の人に、「日本はこれから集団的自衛権だ、次のアメリカの戦争ではもっとついてくぞ！」、ましてや「自主防衛で行くぞ！」なんて言われても、怖くてついてけないですよ。

「今回、〈戦争が現実なんだ〉という議論と〈とにかく戦争だけはダメだ〉っていう議論が原則論で戦われてた、それが根本的な誤りなんですよね。極限的には戦争が必要な状況ってあるんですよ。だから僕は絶対平和主義者じゃないと前から言ってるわけです。

だけど個別状況で、戦争以外の選択肢があるかどうかを、職業倫理からいっても、具体的に考えなくちゃいけない。そうじゃなかったら国際政治の学者なんか成り立たない。『世の中に戦争があるんだからこれでいいんだ』と言っては分析にも何もならない。戦争っていうのは政策なんです。その政策をとるかとらないかっていう問題なんです。そこが根本からズレていたと思いますね」

──そこはもう憲法9条をめぐる議論の遺産というか。日本ではなんとなく社会の空気として、イラク戦争に反対するのは非現実的だ、頭悪そう、というムードがあったと思うんですが。

「今でもありますよ。憲法9条を擁護するのは愚かで負け組というのは現代日本の社会常識でしょ。それでみんな、自分はバカだなんて人には知られたくないですからね、9条擁護しなくなるんですね」

──でも、憲法9条を残すか、やめるかっていう話と、イラク戦争をするのは戦略的に正しいか、間違ってるか、この戦争は勝てるのか、ホントは失敗しそうなのかっていうのは、まったく違う話じゃないですか。

「それが一緒になっちゃうんですよ」

──でも、そこ一緒にしてると、ま、一応つきあいでここまでは協力しとこう、でもアメリカはコケそうだし、これ以上はやめとこう、とかの判断ができないじゃないですか。

「そう。たとえばカナダはイラクに兵隊送らなかったでしょう? カナダは日本と比較にならないくらいアメリカに頼ってる国ですけど、この戦争には手を貸さなかった。その代わり、アフガニスタンには兵隊を送りました。破綻国家の復興には協力するけど、泥船には乗らないよっていう。日本は確かにアメリカに頼って安全を確保してますからオプションは少ないです。でも同盟国だから何でも賛成するということにはならない。

だから日本の議論は結局、両方平和ボケなんです。軍隊があれば必ず、戦争を引き起こすと決めつけるのも間違いだし、軍隊が出動すれば絶対、に相手を脅しつけて黙らせられるっていうのも間違いなんです」

絶対反戦主義者を批判する

「ハトの悪口を言うのはあまり好きじゃないですけど、でも、自衛隊がイラクに行くと、ますますイラクの人たちが苦しめられるっていう議論がありましたよね。これは事実に反してます。

現実はね、自衛隊が行ってもイラクの状況を変えることができないってことです。というのはアメリカがやろうとしたイラクの統治の仕組みが間違ってるから、自衛隊のみなさんが努力していろんな建物を作っても、全部無化されちゃうんです。

それからハト派が『絶対反戦！』と叫びながら、じゃあ、戦争がなくなるような政策を追求したかっていうと、やはり疑わしいと思うんです。

たとえば日本は広島・長崎の被爆者体験を強くアピールしますよね。これは反戦運動だけじゃなくて、タカ派の首相でも必ず8月には広島の式典に出席しますね。でも、じゃあ核兵器の廃絶のために具体的なステップを取ったかというと、アメリカに核兵器の被害をアピールするとかそういう行動になる。その一方では、アメリカの核兵器を使って脅すことで中国とかソ連の行動を抑えこんできた——日本がアメリカの核の傘に寄りかかってきたことはやっぱり否定できないと思うんです。

もしほんとに核兵器をなくしたいんだったら、核抑止に依存するような状況をどう変えるのかっていう政策が必要なんですよ。で、この問題はアメリカが核兵器を減らせばいいってだけの問題じゃないんです。今で言えば北朝鮮の核廃棄はもちろん、中国の核兵器も当然減らさなくちゃいけない。そして減らすだけじゃなくて、減らしても自分たちは安全だ、と中国もアメリカも思うような状況を作んなくちゃいけないわけでしょ。

これが政策プロセスですよね。このプロセスを抜いて兵器の廃絶を語るっていうことは、結局、政策のない〈理念の表現〉になるわけです。

■ハト派の取りうる政策プロセス
『戦争不要』参照。

そうすると、それへの対抗馬は、現実の安全保障政策になりますから、それは勝ち目ないですよね。

でも、その〈現実の〉安全保障政策だってかなり怪しげですよね。結局、アメリカが今どういう政策をとってるかの説明にはなってるけれども、アメリカの政策の合理性への評価はまったくしてないわけですよ」

――しかも当のアメリカでは、あれは失敗だったというのが広まり始めてるわけですよね。

「ええ。政策の失敗についての議論ができないところで、政策評論なんてあり得ないと思います。それにアメリカの方がこの戦争の批判を先に始めるっていうのは、いくらなんでも勘弁してくれって気はしますよね。ちょっとナショナリズムを刺激されません(笑)?」

〈イラク戦後〉時代のヨーロッパとアジア

――今後の世界はどうなるんでしょうか。藤原さんはそもそもアフガン戦争のときから世界のアメリカ離れを指摘されてました。今、フランスもドイツも本当はアメリカに寄り添いたいと言ってるという話も聞こえてくるんですけれども。

「どうでしょうかね。ケンカしたくないけど、寄り添う気もないんじゃないかな。アメリカへの信頼が地に落ちましたからね。やっぱり地域で固まっていって、地域のなかで問題解決できる方向になると思います。

ヨーロッパはヨーロッパ内ではどうせ大きな戦争なんか起こりそうもない。『EU＝不戦共同体』とか言ってまとまるんでしょう。それはそれでけっこうです。

アジアはデモクラシーと平和みたいな秩序を実現できる状態ではまったくないです。だけど権力の真空にはなってない。それぞれの国家が相対的な権力は獲得してます。わたしは北朝鮮は好戦国家ではあっても破綻国家じゃないと思います。かなり破綻はしてきましたけれども、内戦が起こってるわけじゃないでしょ。中国共産党も独裁的な体制ですけど、統治する力が弱まって、崩壊するとは言えないですよね。

ということは、政府と政府の間の交渉で緊張を管理する、外交で解決するという余地は残っている。だからこの地域では軍事抑止が利くんですね。北朝鮮に対する核抑止はやっぱり利いてると思います。まあ、核抑止が利いても、彼らの核開発を防止することにならないという面倒臭い問題が残るにしてもね。ということは、まだまだ国家間の秩序としての国際関係を、外交と抑止の範疇でコントロールできる状況なんですね」

――そうやって今ある抑止関係と外交で何とかなる、と思ってるからアメリカは北朝鮮問題でそれほどつんのめってないんですか？

「そもそも関心低いし。中東第一、あとは後回しってことですよね。ただ、逆に言えばヨーロッパもアジアも、それ以外の地域の問題に対して手を出さない方向に向かってると思います。中東、アフリカは実際の紛争地域なんですよ。そこにどう多国間で取り組むのかっていう問題が最後に残るんだろうと思います」

中東はまだまだまだ、悪くなる

――で、その中東はガザでのテロやレバノン紛争とか悪くなってる感じですよね。結局9・11からイラク戦争までの時期って、あそこの地域をバラバラにした、しなくていい刺激をしただけだったんですか。

「まあ、アメリカの政策だけで中東が壊れたと言えるかどうかはわからないですね。それから中東各国の政情不安が広がってる、とまでは言えないと思います。

ただ、アメリカとイスラエルが共同歩調を取りづらくなったことはもう間違いないですね。去年のイスラエルのレバノン侵攻は簡単に言えば、イスラエルの政策の失敗だったわけです。攻めた側が成果を得られなかったら失敗ですから。それで、あのとき、イスラエルに対してアメリカが後押ししたと言う人がいますけど、それは間違いだと思います。アメリカはむしろ紛争が起こらないで欲しかった。イラクで戦争やってる真っ只中に、ほかのところで戦争が起こっちゃ困りますからね。

ですからアメリカの路線、つまりイスラエルを中心に中東の安定を作っていこうとする政策は挫折した。一方で、イスラエルは紛争を拡大する方に動いていっている。さらに、中東の人たちは、イラク問題を抱えているアメリカはこれ以上、地域に介入できないだろうと思っている。

中東はまだ悪くなりますよ。今が始まりぐらいだと思ってます」

――アメリカの政策が変われば少しはよくなるというストーリーになるのかと思ってたんですが。

「いやいや、とんでもない。レバノン問題はこれから広がりますよ。今、ハマスとヒズボラ、それにイランの政権、この3つが潰れる方向にはまったく動いてませんよね？　国内の急進的なイスラム勢力の影響力が増してるわけですね。しかもこの地域で民主化が進んだらウォルフォウィッツが予想したのとは正反対で、むしろイスラムの影響力が政治のなかで広がることになるだろうと思います。ということはね、政府の間のボス交渉で秩序が維持できるという状況じゃ全然ないということなんですね。まだまだまだまだ続くと思います」

アフリカの混乱は他人事か

――なるほど。一方でアフリカは放置されたまま……。

「アフリカは放置どころか、もっとすごいことになっていて、ソマリア、コンゴ、誰が支配者なのかわかんないでしょ？　報道さえロクにされなくなってしまったんですけど、ソマリアは結局イスラム法廷が復活しちゃったんですよね。コンゴも選挙こそできたけど、新政権は発足さえおぼつかない状況で、内乱が続いてる。何千、何万単位で虐殺が行われていて、今でも人死にが続く。こういう権力が破綻しちゃったようなところの方が大きな問題なんですよ、イラクをつぶすなんてことよりもね」

――その辺の紛争地域って、まあ要するに9・11を用意してしまったような場所ですけど、あれから6年経って結局――。

「もっと悪くなったでしょ？　手をつけられないから、権力の空洞化も進んで、たとえば兵器の横流しとかいったマーケットが広がったりね」

――そこに国際テロリストが入りやすいのも変わらないわけですよね。

「もちろんもちろん」

――ということは、国際テロリズムを潰すという目的で、アフガン戦争やって、イラク戦争やって、解決するどころか、テロリストが基地にできるような地域が増えている。どんどん悪化してるという。もう藤原さんからすると、だから最初に言ったじゃん、という。

「いや、僕だけじゃなかったんですけど(笑)。結局ね、最初に言った、対テロ戦争は意味がありません、ということに尽きるんです。タリバンを倒しても、フセイン政権を倒しても問題は解決しないでしょ。国際テロリズムへの対抗っていうのは、テロリスト集団が社会から孤立して、撃滅される状況を作るしかない。テロリストとの共犯国家ばかりに目を向けたり、そんなものを捏造したりして、政府と政府の戦争に問題をすり替えても解決できないんです」

協力を求めるアメリカに「普通の国」がそっぽを向く時代へ

――アメリカはどうするんでしょうか？

「アメリカは地域紛争にコミットする際に、国連を通すという方向に変わると思います。今回、アメリカは単独で戦争できるという幻想のせいで、国連を軽視し続けました。でも地域の紛争に長期間コミットできるのは国連を通した活動しかない。それは国連そのものに意味があるんじゃなくて、国連という枠組みのもとで――まあ、主に大国を中心としてですけど――お互いに拘束し合って、コミットするっていう体制ですよね。

アメリカはやっぱり非公式の帝国で、軍事力が最強でも、直接的な植民地支配をしないんです。そうするとほかの国に言うことを聞いてもらうために相手国から信頼されなくちゃいけない。信頼があって初めて権力も行使できるわけですね。その信頼を支える、アメリカにとって本来有利な制度が国連だったんですよ。国連はアメリカが中心になって作ったものだし、別にアメリカに対抗して作られたものではない」

――その国連の体制っていうのは、「普通の国」たちが国連のＰＫＯで協力して、世界全体を一応、安定させるという、冷戦後にできた考え方ですよね。

「うん、ただ、そこに今回、深い傷を残しちゃいましたね。これからの平和維持活動をどう展開するべきか、問題が生まれてしまったんです。これまでの国連の平和維持活動は、中立と当事者合意を条件にしていました。でもユーゴの紛争などでその活動の限界は明らかになりました。

それでアメリカは、もう国連での合意なんて知らないよって言って、悪いやつ、フセインを倒そうとした。そしたら惨めに失敗した。

しかもさらに悪いのは、今回アメリカが独走してしまったせいで、各国とも自分の国に火の粉がかかるような行動からは腰が引けちゃってるんですね。ヨーロッパ諸国の国連の活動への参加は目立って低下してます。コンゴやダルフール紛争への平和維持活動を呼びかけても、一応協力するんだけれども積極的じゃない。内向きになってます」

イラクの教訓

——ということは、藤原さんが予測されていたとおり、アメリカが独走で観念戦争をやったけれども、問題はまったく解決されなかった。あぶなっかしい地域はさらにあぶなっかしくなって、それを何とか抑えこむはずの国連も求心力を失って、国際協調がしにくくなってしまった。結

■ダルフール紛争
スーダンのダルフール地方で、03年に始まった内戦。正確な数字は不明だが死者数は40万人超、難民は200万人以上と言われる。国連はPKOを何度か呼びかけたが、各国政府の消極性とスーダン政府の非協力のため、有効な手立ては打てていない。

局、2001年の9月11日からたとえば今日までに起こったこと、これは世界史的にいったい何だったんですか。

「帝国の必然的な崩壊とかって言ってもいいんですけどね。でもイラク戦争は選択を間違えただけで、必然でも何でもないですよね。

結局、冷戦後、アメリカは戦争すれば勝つという極端な楽観主義に陥って、戦争を解禁した。で、その相手はアフガニスタンとイラクでしょ？それでこれだけの騒ぎですよ。だから不要な戦争を行っただけで、世界第一の軍事大国であるアメリカの対外的な影響力が極度に減退した時期っていうことだと思います。

もちろん考え方によっては、たかだか何千人か何万人しか死んでない、この程度の犠牲で文句言うなっていう言い方はできるんですよ。だけど先進工業国の軍隊で兵士がひとり、ふたり、まして100人、千人と死ぬと、国内で非常に強く反発されます。そして、味方が死なないように戦争を戦いたいんだったら、今回のどころではない膨大な兵力を投入するしかない。その点でね、戦争というものにタカを括ったツケが回ってると思いますよ」

――この6年間での歴史の教訓は何でしょうか。

「要らない戦争はしないことですね。

それから自分たちの生命が危ないっていう恐怖にさらされると、どんなに不合理な政策でも国民は受け入れるものだっていう教訓ができたと思います。これは当たり前のことで、みんなが知ってた歴史の常識かも知れない。でも今回、僕は思い知らされた気がしますね」

あとがき

9月11日の同時多発テロ事件から6年、イラク戦争の開始から4年。この間の国際政治をひとことで表現すれば、戦争の解禁だった。戦争はいけない、戦争は避けようという時代から、戦争はアリだ、戦争に訴えることを恐れるな、という時代への転換である。

日本で戦争といえば、どうしても憲法の議論になる。まだ憲法は改正されていない、9条がある限り戦争は禁止されている、という声があるだろう。逆に、戦争を禁止したのは憲法9条におぼれた日本だけだ、世界では戦争は禁止などされていない、そんな突っこみもあるかも知れない。だが、ここで言っているのは、日本で戦争が認められているか禁止されているかという問題ではない。邪悪な敵を前にするとき、戦争するぞと脅しを加えるだけでなく、戦争で倒してしまうことがよい、いや倒すべきだ。戦争解禁とは、相手を脅すだけでなく、相手を倒してしまう時代を指している。

冷戦の続いた半世紀は、戦争の合理性が限られた時代だった。アメリカもソ連も核兵器で睨みあっていただけに、いくら相手が「わるいやつ」であっても戦争に訴えたなら共倒れになってしまう。戦争するぞと相手を脅しながら、現実の戦争はできる限り回避する。冷戦時代の相対的安定は核抑止によって保たれていた。

今は違う。アメリカがどこかで戦争を始めたとき、そのアメリカを敵に回す軍事大国は存在しない。自分たちがそれほど犠牲を受けないのであれば、別に戦争したっていいじゃないか。冷戦終結が引き起こした力関係の変化が、戦争をアリにしてしまった。日本でいえば、日米同盟が日本を守るという議論は、アメリカ側についている限り日本に攻めこむ国はないという冷戦時代の抑止観念から、アメリカと一緒なら戦争で負けるはずがないという戦争の正しさへの確信に変わっていった。

戦争しても大丈夫だと考えるなら、新しい未来が開けてくる。戦争に訴える勇気さえ持てば、大量虐殺を繰り返し、核兵器や化学兵器を開発する邪悪な政府やテロリストを倒し、世界規模で人権保障と民主主義を実現できるのではないか。平和と理想主義ではなく、戦争と理想主義が結びついた時代が始まった。

私は、そんなにうまくいくわけがないと考えてきた。戦争でもっとも避けなければいけないのは希望的観測である。戦争に訴えても大丈夫だと考える人たちは、その希望的観測が外れたときにどんな災厄を生み出すのか、きちんと考えていないのではないか。理想主義者の呼びかける戦争は、平和と民主主義どころか、ただ戦乱と混乱を招くだけに終わるのではないか。

こんな危惧を私が抱いたのは、もう10年以上も前、ユーゴスラヴィアで内戦が続いていた頃だった。虐殺が起こることが確実に予測されたスレブレニッツァで国連が手出ししなかったことが転機になったのではないかと思う。かつて反核運動を指導したメアリー・カルドーのような人が先頭に立って人道的介入を訴えるという構図は、理想主義者が戦争を求める時代の始まりを示していた。

私は疑い深い性格なので、理念や理想を額面通り信用する気にはなれなかった。むしろ、戦争に訴える必要ばかりを説くことによって、避けることのできる戦争を避けず、要らない戦争を戦ってしまう結果に陥るのではないかと恐れていた。9・11事件以後の展開は、私の恐れていた方向に傾き、イラク戦争という、まったくもって不必要な戦争が起こってしまった。

この10年あまりの時代、日本の新聞雑誌やテレビでは、戦後日本で続いた平和ボケから目を覚ますべきだとか、国際政治の現実に目を向ける日が訪れたとか、そんな議論が繰り返されていた。納得できなかった。仕事だから仕方がないとはいえ、毎日「国際政治の現実」に目を向けてきたひとりとして言えば、現実に根ざした議論が行われているとはとても思えなかった。

ひとつ例を挙げよう。私も出演したテレビの番組で、当時の日本の外務大臣は、イラクのことをいろいろ言う人がいるが、それではほかに何ができたというのかと言い放った。ほら、何も言い返す言葉がないだろうと言わんばかりに、ちょっと誇らしげな、挑発的な態度だった。

もちろんほかにできることはあった。戦争をしなければよいのである。フセインの暴政がどれほどイラク国民を苦しめていても、戦争によってフセイン政権を倒すことで良い生活になる保障はどこにもない。それどころか、フセインによる統治よりもさらに大きな苦しみをイラク国民に与え、イラクにおける力の真空によって中東の不安定を拡大し、無意味な戦乱と無意味な死者を増やす結果に終わる可能性は大きい。

外務大臣の言葉には、イラクに戦争を仕掛けることが本当に賢明な選択といえるのか、それを考えた跡がどこからもうかがえなかった。こんな人が先頭に立って戦争に向かうとき、現場の兵士はどう考えるだろうと思わずにはいられなかった。

今、広がっているのは、観念におぼれた政治家が、いやがる軍隊を押さえつけて戦争を展開するという構図である。力の優位を誇るアメリカでは戦争についての希望的な観測が広がり、ラムズフェルド国防長官のように限られた兵力でイラクに勝つという戦略をとる人まで現れた。そのアメリカと同盟を組む日本では、「勝ち組」についた安心感のためか、やはり戦争についての愚かしいほどヌルい判断が幅をきかせてしまう。

私はすべての戦争に反対するという立場は取らない。戦争が避けることのできない状況は現実に存在するとも考える。だからといって、すべての戦争に賛成する必要はないし、不必要な戦争は避けなければいけないのである。

『SIGHT』のインタヴューを続けたのは、この、戦争が解禁に向かい、要らない戦争が始まろうという時代だった。インタヴュアーの渋谷陽一さんと鈴木あかねさんには、ほとんど毎号のように私の暗い分析を耐えていただいた。

だが、要らない戦争を戦うことがどんな結果をもたらすのか、ようやく目を向ける人も増えてきた。理念ではなく現実として平和を考える人が、この本によって少しでも増えたなら、と心から願っている。

藤原帰一

初出
本書は『SIGHT』（ロッキング・オン）での
連載インタヴューを加筆・訂正したものです。
01 『SIGHT』同時多発テロ緊急特別号、2001年11月
02 『SIGHT』11号、2002年3月
03 『SIGHT』15号、2003年3月
04 『SIGHT』16号、2003年6月
05 『SIGHT』18号、2003年12月
補章『SIGHT』20号、2004年6月
06 『SIGHT』27号、2006年3月
07 『SIGHT』31号、2007年3月
08 語り下ろし

藤原帰一（ふじわら・きいち）
1956年　東京生まれ。東京大学大学院法学政治学研究科博士課程中退。現在、東京大学大学院法学政治学研究科教授。専攻は国際政治、比較政治、東南アジア政治。著書『国際政治』（放送大学教育振興会、2007）『映画のなかのアメリカ』（朝日新聞社、2006）『「正しい戦争」は本当にあるのか』（ロッキング・オン、2003）『デモクラシーの帝国――アメリカ・戦争・現代世界』（岩波新書、2002）『戦争を記憶する――広島・ホロコーストと現在』（講談社現代新書、2001）など多数。現在、季刊誌『SIGHT』で時評インタヴュー連載中。

インタヴュー　渋谷陽一（1～5章、補章）
インタヴュー・編集　鈴木あかね（6～8章）
編集補助　武藤瞳　斎藤真理子

戦争解禁
――アメリカは何故、いらない戦争をしてしまったのか

2007年7月4日　第1版第1刷発行
著者　藤原帰一
発行者　渋谷陽一
発行所　株式会社ロッキング・オン
〒150-8569
東京都渋谷区桜丘町20-1　渋谷インフォスタワー19F
電話　03-5458-3031
ファクス番号　03-5458-3547
ロッキング・オン・ウェブサイト　http://rock-net.jp/
印刷・製本所　大日本印刷
ISBN978-4-86052-067-0

＊本書『戦争解禁』と姉妹刊『戦争不要』（藤原帰一）の
カバーに描かれた経線を組み合わせると、
架空の大陸の地図が浮かび上がります。